JN301045

やってみよう！
アプライド
ドラマ

［編］小林由利子
［著］アレン・オーエンズ
　　　ナオミ・グリーン

図書文化

やってみよう！ アプライドドラマ
── 新しいドラマ方法論によるコミュニケーション ──

　ここで，経験豊富で創造的なドラマ教師3人の手による本書を紹介できるのはうれしい。

　ユリは，子どものためのドラマと演劇の分野で，日本における先駆者である。彼女はワークショップで自分の実践を惜しみなく教師たちと共有し，また各国のドラマ教育の方法論を研究してきた。今回本書でその集大成を読者と分かち合っている。

　アレンとナオミは，日本とイギリスで10年以上，さまざまな人たちとアプライドドラマの先駆的な仕事を重ねてきた。アレンは世界的なアプライドドラマの教育者であり，研究者である。そして彼はどんな人とでも，文化的相違に配慮して，一緒に活動することができるのである。フリーランスのドラマ教育実践者であるナオミは，アレンの案内役，通訳者，翻訳者，共同創作者，そして本書の共著者である。

　本書の実践的アイデアや優れたドラマ活動は，アレンとナオミの経験の蓄積から生まれたものであり，子どもたちを大切に思うすべての教師に捧げられている。本書をきっかけに，アプライドドラマにチャレンジしてほしい。

　本書は，日本の学校のドラマ活動に焦点を当てて書かれており，日本の子どもたちがドラマの不思議さを通して自他理解を深め，調和し，自信をもつことを願っている。現代の日本社会と子どもの現状を踏まえたうえで，子どもたちの抱えている問題を解決する糸口を示す，身体的で活動的な教育方法を掲載している。そして本書のドラマ活動は，学校現場だけではなく，病院や企業をはじめとしたさまざまな施設で実施することができる。

　おもに第3章で紹介されている「プレ・テキスト」とドラマ活動のための導入は，日本向けに作成されているため，子どもたちは思わず引き込まれてしまうだろう。「プレ・テキスト」は，想像力をふくらませる。子どもたちは，驚いたり，はてなと思ったり，探求したくなるだろう。実際にドラマ活動を行う際の詳細な留意点や助言も掲載されているので，子どもたちは「コンベンション」と呼ばれるドラマ技法を通して，自分とは異なる登場人物をイメージし，いきいきとドラマ活動に取り組むだろう。

　アプライドドラマは子どもたちが自分の人生と生活を意識化するための方法である。アプライドドラマは，教室にさまざまな世界をもち込む。例えば，人間はどのように行動するのか，なぜそうするのか，といったことを探求するのである。子どもたち自身が，自信にあふれ，他者を尊重し，物事の本質を見抜ける大人になるためにはどうすればよいか，自ら考えることになるだろう。

　2010年5月

ウォーリック大学教育学部　ドラマ・演劇教育　主任教授
Dr. ジョナサン・ニーランズ

はじめに

　現代の学校教育において，文部科学省も指摘しているように多様な価値観をもつ人々と協働できる人材の育成が求められている。そして，子どもたちが，自分の気持ちを表現したり，他者の気持ちを推察したりするコミュニケーション能力を向上させるドラマ／演劇を用いた教育方法の開発が始まっている。例えば，「子どものための優れた舞台芸術体験事業」の成果と課題を踏まえて，芸術表現を通じたコミュニケーション教育が推進されている。さらに，舞台芸術を観る体験だけでなく，子どもたちが実際に芸術表現をしてみるための具体的なプログラム開発の研究が行われている。

　このような状況において，本書で紹介されている「アプライドドラマ」は，まさに子どもたちのコミュニケーション能力を高めるための具体的プログラムを提供している。アプライドドラマとは，演劇作品の上演を目的としない，ドラマをすること自体を目的にした活動である。アプライドドラマは，学校教育だけでなく，社会教育，特別支援教育，児童館，更生施設，刑務所，少年院，児童福祉施設，病院などさまざまな場所や状況において用いることができるドラマ活動である。とくに，問題提起をしたり，問題解決の糸口を見つけたりすることに効果的な教育方法であるといわれている。そして，アプライドドラマという言葉から考えると，「アプライド」という意味は，「応用される」という意味である。つまり，さまざまなことに応用できるドラマということである。

　本書は，アプライドドラマとは何かを明らかにし，その教育的効果を示し，学校教育におけるその可能性について述べている。そして，チェスター大学のアレン・オーエンズ教授とドラマ・ファシリテーターであるナオミ・グリーン氏が，長年かけて実践してきたことをもとにして，アプライドドラマをどのように組み立てたらよいかをていねいに解説している。さらに，2人が開発してきたアプライドドラマを実践するために非常に重要な，具体的なプレ・テキストと呼ばれるドラマ活動プログラムが紹介されている。このように学校教育でのアプライドドラマの導入の可能性が示されたうえで，学校の壁を乗り越えて，さまざまな場所，施設，対象で実践されたアプライドドラマのエピソードが紹介されている。

　アプライドドラマは，現代の学校教育で求められている子どもたちが他者と協働する力，自己理解・他者理解の能力，コミュニケーション能力，問題解決能力，社会性等を育成するだけでなく，さまざまなニーズに合わせて応用されることができるドラマ活動である。そして，オーエンズ教授とグリーン氏の開発した「プレ・テキスト」は，学校に限らずさまざまな施設，さまざまな人たちに応用して使えることができる魅力的なドラマ活動の方法である。そのために，わかりやすく解説されているのが本書の特徴である。

　日本の多くの教師，俳優，ファシリテーターの人たちが，2人の方法を参考にして，独自のアプライドドラマをつくり出していくことを期待する。

編者　小林　由利子

もくじ

やってみよう！ アプライドドラマ
— 新しいドラマ方法論によるコミュニケーション —

はじめに

序章
日本におけるアプライドドラマの意義

1. アプライドドラマの背景 8
2. 学校教育におけるドラマの有用性 12
3. 日本における学校教育の壁を越える
アプライドドラマの必要性 18

第1章
アプライドドラマとは

1. アプライドドラマとは何か 20
2. アプライドドラマを知る 28

第2章
アプライドドラマの構成

1. プレ・テキストになる物語の選び方 36
2. ドラマ活動の導入——
ストーリー・スプーン：物語の象徴 43
3. アプライドドラマの主要な手法 49
4. アプライドドラマの構成——
キー・コンセプト 51

第3章
学校教育でアプライドドラマを活用する

学校現場でアプライドドラマを行う方法 56
● プレ・テキスト例 ●
 桃太郎 58
 雪女 70
 夢と現実 83
 リア王 97
 羅生門 110
 ザ・ゼ・ゾ 123
 孔雀 133

第4章
事例で読むアプライドドラマ

1 特別支援教育でのアプライドドラマ 146
2 刑務所，矯正施設でのアプライドドラマ 154
3 病院でのアプライドドラマ 161
4 コミュニティ，社員研修，生涯教育での
 アプライドドラマ 167

終章

アプライドドラマを実践する人へ 174

付録

1 アプライドドラマのコンベンション 177
2 簡単にできる「事前エクササイズ」のゲーム例 184
3 そのほかのプレ・テキストと物語........................186

おわりに

序章

日本における
アプライドドラマの意義

1 アプライドドラマの背景

(1)アプライドドラマの背景

　アプライドドラマの背景には，イギリスのドラマ教育がある。イギリスのドラマ教育は，ピーター・スレイドのチャイルド・ドラマに始まる。児童中心主義の影響を受けたスレイドは，チャイルド・ドラマのルーツを子どもの遊びだと述べ，これを教師／保護者の援助で発展させる活動をチャイルド・ドラマと位置づけた。チャイルド・ドラマには，全身を使ったドラマ活動であるパーソナル・プレイと，人形などの物を用いたドラマ活動であるプロジェクテッド・プレイの２つがある。チャイルド・ドラマは子どもが１人でも行うことができるが，グループで行う場合はアメリカのクリエイティブ・ドラマと非常に似ている。例えば，子どもたちが学校の体育館に行き，ドラマ活動を行う。教師に導かれながら，子どもたちは探検家になり，パントマイムで密林を探検したり，山登りをしたり，川下りをしたりする。そこで探検隊の１人が迷子になり，残された探検家が救助のための相談をしたり，救助隊を組織して派遣したりして，最終的に遭難者を見つける。教師は，ファシリテーターとしてドラマ活動を導いたり，登場人物の１人になって参加したりしながら，子どもたちが体を通して探求する手助けをする。

　チャイルド・ドラマを経験したブライアン・ウェイは，1953年，シアター・センターという劇団を創設して，学校の講堂や体育館で，プロの俳優が子どもたちを導きながら演じる作品を上演した。子どもたちは，声だけで参加する場合もあったし，俳優が演じる登場人物に助言やアイデアを与え，それらを即興的に俳優たちが演じる場合もあった。このような活動は，参加型演劇様式である「参加劇」と呼ばれている。

⑵源流としての Drama in Education（DIE）

　アプライドドラマの直接的な一つの源流は，Drama in Education（DIE）である。DIE は，一般的に初等・中等学校で，担任あるいはドラマ教師の導きのもとで，役を演じたりしながら，課題について，オープンエンドなやり方で探求する参加型の学習媒体である。DIE は，劇づくりを目的にしたドラマ活動ではなく，ドラマを通して，表面上の動作やせりふの隠された意味を探ったり，すでに知っていたが気づかなかったことを再発見したり，教科におけるトピック（公害，労働争議，移民問題，海外移住，ホームレス，フリーターなど）の想像される状況に自らを投入したりする経験をする。この場合，あらかじめ調べたトピックについて検討して，最後に登場人物を演じる方法もあるし，ドラマ活動をした後にトピックについて調べて，学びを深める方法もある。教師は教材を準備しておき，子どもたちの調べ学習を援助し，ドラマ活動を計画して，ファシリテーターとして導いたり，登場人物になったりして，ドラマ活動も子どもたちと行う。

　DIE は，一般的にドロシー・ヘスカットが始め，ギャビン・ボルトン，セシリー・オニールへとつながって現在に至る。スレイドとウェイのドラマ活動が「楽しさ」があるゲーム的なドラマ活動だったのに対して，ヘスカットの DIE はシリアスで参加者の知性と感性に深く働きかけるドラマ活動である。ヘスカットがめざすのは，量的経験を提供することではなく，「子どもたちの感情と意味に深くまっすぐに届いていくような質的に高い経験」のドラマ活動をすることである。ヘスカットのドラマ活動は，「子どもたちを使って作品を制作するのが目的ではない。子どもたちが，ファンタジーを通して，すでに知っていることを広げ，現実を直視し，彼らのアクションの裏にある意味を発見するためにドラマを使う」ことが目的である。このドラマ活動の使い方が，アプライドドラマに影響を与えている。

> Wagner, 1976, p.13

> Wagner, 1976, p.15

⑶源流としての Theatre in Education（TIE）

　もう一つのアプライドドラマのルーツは，Theatre in Education

(TIE) である。TIE の誕生には，イギリスの戦後の労働党政府による，中等教育の再編成と，すべての子どもたちに質の高い教育を提供するという教育改革が背景にある。この改革を受けて新しい教育方法や，児童・青少年のための演劇を使った新しい様式が生み出された。

　イングランド中央にある自動車工業で有名なコベントリー市は，第二次世界大戦の激しい爆撃により，市内中央が大打撃を受けた。その復興開発の一環として，新しい市民劇場であるベオグラード劇場が創設された。ロンドンのロイヤル・コート劇場と同じ作品がメイン・ステージで上演された。さらに，劇場付の俳優たちは，日常的に劇場に来ない労働者階級の子どもたちを対象に，何らかのサービスを提供することになった。俳優と教師の役割を担う「アクター／ティーチャーズ」と呼ばれる男女混成の俳優（教育のバックグラウンドをもつ者）4～6人のグループが，子どもたちの学習経験を広げるために，リサーチに基づく参加型の演劇作品を制作して市内の公立学校を巡回公演した。TIE プログラムのテーマは，それぞれの地域に密着した問題を取り上げたり，その地域の学校が抱えている問題について教師から要請があったり，話し合って決められたりした。TIE プログラムは，従来の作品を観るだけの活動ではなく，子どもが演劇に参加したり，アクター／ティーチャーズに導かれてドラマ活動や演劇的フォローアップを経験したりする。

　典型的な TIE プログラムは，4人のアクター／ティーチャーズが，それぞれ各教室に分かれて子どもたちと TIE プログラムのテーマを導入したり，深めたりするためのドラマ活動をしたり，テーマについて議論したり，振り返りをしたりする。次に，4人のアクター／ティーチャーズと子どもたちは講堂や体育館に集まり，中央の舞台の周りに座る。そこで，アクター／ティーチャーズが演じる，テーマをリサーチに基づいて制作したいくつかの場面を観る。観客としての子どもたちは，俳優の質問に答えたり，俳優に助言やアイデアを与えたり，俳優の言うせりふを考えたり，俳優に代わって演技したりする。つまり，子どもたちは，観客として演劇を観るだけでなく，俳優と一緒に場面をつくる参加者である。このような TIE プログラムという参加劇を通して，子どもたちは，テーマについて，問題意識をもったり，問題解決の糸口を見つけたりする。最後に子どもたちは，アクター／ティーチャーズと一緒に教室に戻

り，振り返りのセッションを経験する。しばしば，アクター／ティーチャーズが，登場人物になったまま教室の前方に座り，子どもたちの質問に答える「ホット・シーティング」という振り返りのドラマ活動が行われる。その後，担任教師が，テーマについてのまとめをして，半日から一日のTIEプログラムは終了する。

> Bennett, 2008, pp.14-15

　このようにTIEは，テーマを取り上げて，リサーチをベースにプログラムを構成し，問題解決のためにドラマ／演劇を媒介として導入する。TIEのやり方は，のちにアプライドドラマに影響を与えた。TIEは，Theatre in Educationという名のとおり，実施場所が学校内に限定されるが，アプライドドラマあるいはアプライドシアターと呼ぶことで，さまざまな場所でこのプログラムの実施が可能になる。つまり，学校の壁を乗り越え，さまざまな施設や場所でTIEプログラムを行うために名称を変更する必要があったのである。

2 学校教育におけるドラマの有用性

(1) ドラマ教育の目的

　ドラマ (drama) の語源は，ギリシャ語の"dran"，英語の"do"という意味である。ドラマ教育は，子どもたちが台本を暗記し，教師の演出によって，観客をおいて講堂などで作品を上演する活動ではない。ドラマ教育は，子どもたちが，ドラマをすること自体に何らかの教育的価値を見いだし，教師／リーダー／ファシリテーター／進行役によって導かれる，過程中心のグループ活動である。全体の中で，観客に観せる活動を含む場合もあるが，最終目的ではない。ドラマ教育は，ドラマをすること自体の経験を通して，子どもが学ぶことを重視する活動である。アプライドドラマは，このような活動が学校以外で行われるときに使用される言葉である。

> McCaslin, 2006, p.11

　ドラマ教育の大きなねらいは，「個人と社会の一員としての子どもの成長を最大限に高めること」である。これは，教育のねらいと同じである。したがって，ドラマ教育の目的は，個人的発達と社会的発達の2つの側面をもつ。時代背景，社会的状況，教育課程，ドラマ教育の実践者／研究者などの違いにより，強調点が異なる。

> Dickinson, Neelands & Shenton Primary School, 2006, p.4

　ドラマを教育に導入する目的には，次のものがあげられる。
①子どもたちが学ぶための，適切な，意味のある内容を提供するため
②子どもたちが，学習に自ら取り組むように促すため
③子どもたちに，すべての学習場面において，自分を表現できる機会を提供するため
④子どもたちが，自信をもち，自尊心を高めるため
⑤子どもたちが，個々の違いを認めながら，積極的に協働する機会をつくり出すため
⑥子どもたちのコミュニケーション能力を高めるため
⑦多文化共生の実現に必要な自己理解と他者理解を深めるため
⑧「生きる力」を身につけるための機会を提供するため
　これらは，子どもたちだけでなく現代の大人たちにも求められて

いることである。アプライドドラマは、学校の壁を乗り越えて、社会のさまざまな場面や施設において、ドラマを導入しようとする革新的な試みである。例えば、刑務所、更生施設、児童養護施設、特別支援施設、高齢者施設、病院、福祉施設、図書館、博物館、歴史的建物、ビジネスなどである。アプライドドラマには、場所の制限もなく、参加者の年齢制限もない。ドラマの目的も参加者や場所やニーズやファシリテーターにより異なる。非常に応用範囲の広いドラマ活動である。

(2)教育方法としてのドラマの特徴

　子どもたちは、教室において、情報を教師から受け取る消極的な受容者ではなく、自ら課題に積極的にかかわり考える存在として育つ必要がある。そのために教師にはどのような役割があるのだろうか。子どもたちは、新しい経験と情報を意味づける方法として、実際にやってみるという習慣がある。もし、教師が、子どもたちにすでに知っていることと、学校で教えられて学ぶ内容との間に橋を架けたいなら、子どもたちに自ら学ぶ機会を提供する必要がある。つまり、子どもたちが学び方を獲得できるように、教師は援助しなければならない。その具体的な方法としてドラマがある。

Neelands, 1984, p.2

　教育方法としてのドラマの特徴として次の7つがある。

Neelands, 1984, pp.6-8

①ドラマは、教師の援助が介在する児童中心主義の活動である。
②ドラマは、想像された経験を形成することである。
③ドラマは、実践的で直接的であり、感情と同時に知性にかかわる。
④ドラマは、現実世界を模しながら同じような想像されたアクションと言葉を通して、人間の存在意義をつくり出し解釈する社会的で双方向的な教育方法である。
⑤ドラマは、学習者にとって有意義でいきいきした過程としてとらえられるべきである。
⑥ドラマは、専門家によってなされるものでも、特別な空間で行われるものでもない。
⑦ドラマは、子どもの劇的遊びにその起源をもち、演劇という芸術様式にあとでつながっていく連続体の一部である。

　以上から、学校教育にドラマを導入する意義を考えると、ドラマは、子どもにとって、幼児期から慣れ親しんだ劇的遊びをルーツに

する学習方法で，面白いと思える活動である。教師にとっては，想像世界で子どもの感情，知性，感性に働きかけ，隠喩的に個人と社会をつなげられる教育方法である。したがって，子どもにとっても，教師にとっても，保護者とコミュニティにとっても，役立つ教育的活動だと位置づけることができる。

(3)子どもにとっての有用性

　子どもにとって，教室にドラマを導入する有用性は8つある。
①ドラマは，さまざまな能力差のある集団に，社会性を上手に学ぶ機会を提供できる。
②ドラマは，共感性を促し，「差異」の受容を高める。
③ドラマは，子どもに自信を与え，コミュニケーション能力と自己表現能力を発達させる。
④ドラマを通した差異の気づきと自己の行動抑制は，自己の文化的，感情的，個人的ニーズが，指導案や授業において配慮されている，と子どもたちに感じさせることができる。
⑤ドラマの特徴である社会性を学ぶ文脈での前向きな協働学習は，教育課程におけるグループ学習と学級経営に好影響を与える。
⑥学習態度と仲間関係の向上は，教育課程の学習課題に時間的余裕を与える。
⑦ドラマのもつ「できる (can do)」という前向きな雰囲気は，非難されたり，からかわれたりするかもしれないという恐怖感をもたずに，子どもに自分の考えを探したり使ったりすることを促す。
⑧子どもたちは，ジェンダーやさまざまな文化にかかわる学習と協働作業に関して，大胆にかかわろうとする。言いかえれば，子どもたちは，家庭環境や宗教の違いを乗り越えて，お互いにオープンになり影響し合えるようになる。
　これらは，イングランドのレスター地方にある，移民が多くさまざまな民族と宗教の人たちが住む地域にある小学校における，ドラマをすべての教科と学校生活に取り入れた実践に基づき導き出された有用性である。したがって，多文化共生の視点が強調されている。しかしながら，日本における学校教育にドラマを導入する意義を考えるうえで参考になると考える。とくに，ドラマは，子どもたちのコミュニケーション能力，表現能力，社会性，協働性，他者理解，

積極性，学習意欲などを高めるといえる。

(4)教師にとってのドラマの有用性

Dickinson, Neelands & Shenton Primary School, 2006, p.2

教師にとって，教室にドラマを導入する有用性は，7つある。
①教師たちは，ドラマ活動を統制できるので，オーナーシップを感じることができる。つまり，子どもたちは自由にドラマ活動をしていると感じるが，実は教師が意図をもって活動を導いている。
②ドラマ・イニシアティブという方法は，教師に気がねなくリスクに共に挑むようにさせる。同僚間に平等に与えられた権限は，互いに専門職として尊重し合うようにさせる。
③教師たちは，成功したことと同じように，諸問題についても議論し合えると感じるようになる。
④教師たちは，教えることと学ぶこと以外にも，既知のリスクに挑むようになる。
⑤教師たちは，ドラマ活動で子どもたちと一緒に物語や状況を「探求する」ことを楽しみ，子どもたちの意見とアイデアから学ぶことを楽しむようになる。
⑥教師たちは，あらゆるレベルですでに知っているリスクに取り組むように援助され，励まされる。そして教師たちは，ドラマ活動による成功の結果として取組みに自信をもてるようになる。
⑦発問と発見学習の導入に教師が自信と技能を高めていくことは，子どもたちの学習の方向性に責任をもてるようになる。

イギリスの教師たちには，他者の評価を気にしてリスクに果敢に挑めない状況が存在する。学校にドラマを導入することで，この恐れを取り除き，教師がリスクに挑んでいくようになる。つまり，ドラマを取り入れることで，教師がポジティブに仕事に取り組み，新たなことにチャレンジするようになるといえる。ドラマは，グループ活動なので，ポジティブな協働を導き出し，教師間の関係性が向上することが指摘されている。

さらに，ドラマは唯一の正解はなく，それぞれの参加者が考えやアイデアをグループに提案し，話し合いを通して，よりよいものを編み出していくのが基本的な考え方である。したがって，参加者一人一人に自信を与える経験を重ねる機会を提供できる。そして，これらのアイデアを身体化し，他者と共有する活動で，想像した考え

が具現化する過程を経験するので，提案されたアイデアが机上の空論で終わらない。このプロセス自体も協働作業を求めるので，グループで一つのことに向かって協力し合う能力を強化できる。これらのプロセスは，「楽しい」と感じられるので，協働作業を継続することができる。

ドラマを学校に導入することで，学校にさまざまな利益をもたらすと指摘されているが，学校がよりよくなるとは，何を意味するのだろうか。学校がよりよくなっていくとは，学校にかかわる地域のすべての人たちのために，「教えることと学ぶことの質，そして生きることの質が，継続的に高まっていくことである」。とくに，教師が，子どもたちに最良の教育を提供できるようになることが，これを達成する鍵になる。

> Dickinson, Neelands & Shenton Primary School, 2006, p.3

そのために教師は，ドラマ活動を導けるようになる過程で，教師がさまざまな技能や技術を身につけていくことが求められる。これらは，ドラマ活動に限らず，教科を教えるときも同様である。具体的には，教師に次のことが必要である。

> Dickinson, Neelands & Shenton Primary School, 2006, pp.3-4

①どのように効果的にグループ活動を組織するか
②どのように話し合いを導くか
③どのように質問するか
④どのように男子と女子が一緒に活動できるように方向づけるか
⑤どのように講堂や体育館のようなオープン・スペースでの態度とかかわるか
⑥どのように子どもが自分自身の学習と評価について考えることを許容し，責任をもつように方向づけるか
⑦どのようにかかわるべきリスクに挑めるか
⑧どのように意味あるように教科を統合できるか
⑨どのように従来の試験ではない，広い評価基準を見つけるか

これらのことについてドラマ活動を導きながら考えたり，試みたりすることを通して，結果的に教師がこれらを身につけていく。つまり，ドラマ活動自体に教師たちにこれらを求める要素が含まれているので，教師たちは考えて試行せざるを得なくなる。つまり，考えたことをアクションとして具現化しなければならない。そのプロセスの繰り返しが，教師にこれらのことを身につけさせ，他の教科を教えるときにも影響を与えるのである。

(5)保護者とコミュニティにとっての有用性

> Dickinson, Neelands & Shenton Primary School, 2006, pp.2-3

保護者とコミュニティにとっての有用性は，5つある。
① 保護者は，子どもと一緒にドラマについて議論し，ワークショップにも参加しているので，学校のドラマ・プログラムのねらいや目標に一緒にかかわっていると感じられる。
② 保護者は，子どもがドラマ活動について熱心に話していると学校と教師たちに報告する。
③ コミュニティ・リーダーたちは，学校のドラマ・プログラムをつくり上げ，支えるために積極的にかかわっている。
④ 地域の政治家たちは，政策面で活動的な役割を担い，ドラマを使った創造的なアプローチによる教え方や学び方について理解を深めるようになる。
⑤ 子どもたちは，保護者を学校へ招き，ドラマで成果を発表し共有できる。

　すなわち，学校にドラマを導入することの鍵の一つは，保護者，コミュニティのリーダーたち，政治家たちを学校のドラマ・プログラムに巻き込み，活動を支える参加者・プログラムの一翼を担う存在として位置づけ，第三者的な評価者にしないことである。これらの人々が，学校でドラマ活動を経験することを通して，ドラマ・プログラムの一員であるという自覚を促すことが可能だと考える。ディキンソンとニーランズが上記で指摘している有用性は，すべて，彼らの数年間にわたる地域の小学校での実践に基づいている。したがって，これらの中から，日本にも適用できる有用性は多くある。とくに，ドラマ／演劇による成果発表会で，保護者を批判的な観客にしないために，成果に至る過程を共有する機会を提供し，ポジティブに支えてくれる観客にすることは，日本にも応用できる。さらに，政策的だけでなく実際に学校のドラマ・プログラムに参加するように政治家を巻き込むことも重要であると指摘されている。

　このように，学校にドラマを導入する有用性は，子どもだけでなく，教師，保護者・コミュニティ・政治家も含めて，地域全体で考える必要がある。つまり，三者の協働作業が不可欠である。そうすることにより，その地域全体が，ドラマの有用性を認め，さらに学校でのドラマ・プログラムを推進する力になる。

3 日本における学校教育の壁を越えるアプライドドラマの必要性

現代は，学校だけで子どもの抱える諸問題を解決できるような状況ではない。学校がコアになり，子どもたちが住んでいる地域やコミュニティと連携しながら，子どもたちの健全育成にかかわる必要がある。その一つの道筋として，ドラマがあると考える。つまり，子ども，学校，コミュニティをつなぐ媒介としてのドラマである。

20世紀初頭，アリス・ミニー・ハーツは，ニューヨーク市のイタリア移民地域における児童教育演劇の活動において，子どもたちと演劇作品を創作する過程で，子どもたちが育っていき，子どもたちのためにコミュニティがまとまっていくことを発見した。彼女は演劇作品の上演をめざしていたが，その制作過程に教育的価値とコミュニティの連携を見いだし，そのことは上演作品の良し悪しより価値があると指摘した。この指摘は，現代にも応用できる。

> 児童教育演劇
> The Children's Educational Theatre

ドラマは，教師が子どもに教科を教えるために有益であるが，それ以上のことができる可能性がある。「ドラマを通して共に学ぶ経験は，教育課程を越え，教室を越え，学校を越えて学びの質を高め，子どもたちが，責任感と充実感と自己肯定感のある大人として成長していくための生き方の質を高め」ていくことができる。そして，そういう子どもと，学校以外の場で大人がかかわることを通して，子どもも大人も一緒にドラマ活動によって成長できる。つまり，開かれたコミュニティを形成していく媒介としてドラマ活動を応用できる。これが，まさにアプライドドラマのよさであり醍醐味である。

> ニーランズ，2010, p.3

ドラマは，子どもたちの「生きる力」を育成する媒介となる。これは，子どもに限らず大人にも応用できる。例えば，特別支援が必要であったり，諸問題を抱えていたりする大人にも，ドラマを通して楽しさを届けることができる。さらに，子どもに対しても，大人に対しても，ドラマ活動を通して，現在抱えている個人的問題と社会的問題について，隠喩的に向き合う機会を提供でき，お互いに協働する機会を提供できる。教室や学校教育の壁を乗り越えていくアプライドドラマは，日本におけるさまざまなニーズ，セッティング，状況，場面，施設，目的に即して応用できる可能性がある。

第1章

アプライドドラマとは

「アプライドドラマ」という言葉は最近使われるようになったものである。
　まず本章では，ドラマ活動を使った教育を初めて実践する人に，アプライドドラマとは何か，その基本を解説する。

1 アプライドドラマとは何か

　本書では，ドラマ教育を基礎にしてできたユニークな参加型演劇「アプライドドラマ」（Applied Drama，応用されたドラマ）を紹介する。

　アプライドドラマは，「ドラマ教育」という，ドラマを使った教育方法の一つである。「ドラマ」といっても，テレビドラマや演劇作品のように，「つくられたストーリーにそって，俳優が舞台の上で表現し，観客に見せる芸術」のことではない。

　本書でいう「ドラマ」とは，経験するための演劇のことである。この経験するための演劇を，本書では「ドラマ活動」という。ドラマ活動には，見るだけの観客はいない。全員が，ドラマ活動に参加する。参加するドラマは，地域や社会，個人の抱える問題と重なるストーリーになっている。このドラマを演じる経験を通して，参加者はこれらの問題を考え，体験を分かち合い，解決していく。

　こうしてドラマ活動に参加することで，新しいアイデアや価値観にふれたり，ふだんあまり使わない言い回しを試したり，自分とは違う立場の人間を演じたりと，いろいろな体験ができる。実際に将来体験しそうな問題を仮想体験して，どう対応するかを考えたり，意味づけをしたり，解釈したりする。ドラマは社会的な問題と密接にかかわり合っているため，実際に似たような問題にぶつかったときに，このドラマの体験が，役に立ったりする。この，実社会に応用できるさまざまな問題を含んだドラマ活動を「アプライドドラマ」という。

　アプライドドラマの授業は，教師が知識を伝達し，子どもたちが受け取るという知識伝授型の授業ではなく，ワークショップ形式で行う。子どもたちは積極的な参加者となり，ドラマ活動のなかでさまざまな問題に取り組む。その活動を通して，自己理解と他者理解を深め，思考力，想像力，創造力を養っていく。

　アプライドドラマでの教師の役割は，演技を子どもたちに教えることではなく，ドラマの物語を進めていく「進行役」である。ドラマ活動のなかで子どもたちと物語を共有し，ストーリーを展開させ

ていく。場面ごとに，それに関連する課題や，そこから学べることなどを，子どもたちの実生活と重ね合わせて一緒に考えていく。

　ドラマは社会的な問題を取り入れたものですから，1つの正解というものはない。ドラマを進めるには，常に子どもたちと意見を交わし，その意見を取り入れる必要がある。こうして，教師も子どもとともに学び，感じながら，物語を進行していくことになる。

(1) アプライドドラマを考える

　アプライドドラマには，年齢を問わず，子どもから大人まで，どんな立場の人でも参加できる。アプライドドラマにおいてリードする「進行役」と「参加者」が，一緒に物語をつくっていく。

　この方法は近年注目されているクロス・カリキュラム（教科横断型の学習）による教育方法である。アプライドドラマを通して，子どもたちは将来や目標を見すえて，仮想体験をし，参加者同士で分かち合い，楽しみながら，真剣に向き合うべき問題を題材に，学び，考えていくことができる。

①アプライドドラマの定義

　アプライドドラマは特定の人物が考案したものではないため，定義することは困難である。ドラマ教育者の間では，次の2つの特徴が共通理解されている。

> ・ドラマ内の課題を行うことで，参加者と教師の両者は自分の心の動きに気づいたり，思いもよらないアイデアが生まれたり，決断を迫られたりする体験をする。
> ・参加者は気持ちの変化が行動につながり，実際の社会でも，自信をもって行動できるようになる。

②アプライドドラマが使われる場面

　アプライドドラマは，いわゆる演劇ではない。したがって，劇場で観客に見せることを主旨としない。教育現場や日常生活において，参加者が自分自身のために使うものである。

③アプライドドラマの効果

a. 進行役（教師）への効果

　アプライドドラマは，進行する側にも，学びの機会が多くある。ドラマ活動を行うなかで，参加者たちが住んでいる社会や状況，見方や感じ方をより深く知ることができる。ドラマ活動に，参加者が

抱えている問題や事情を取り入れ，一緒に取り組むことで，進行役と参加者の間にコミュニケーションが生まれ，互いに理解し合うことができる。

b. 参加者（子ども）への効果

参加者は，自分が所属する集団や，社会生活を送るうえでかかわることになる他者との間で，自分自身をしっかりともった人間になることができる。

④アプライドドラマの特徴

これらの効果をもたらすために，アプライドドラマでは，物語を使う。この物語を考え，演じることを通して，日常に起こりうる出来事と結びつけていく。

a. ドラマの題材

まず，活動の題材となる物語には，架空の話と日常生活の話が混じったものを用意する。参加者自身の身近にある話や世界各国の文学作品や民話，童話など，教訓を含む題材のほか，実際に教師や参加者が体験したり，体験しそうな話を選ぶ。

具体的にどんなものがあるかは，第2章以降を参照されたい。

b. ドラマの進め方

参加者全員が，進行役から語られる物語を見，聞き，行動し，考え，ほかの参加者と分かち合いながら進めていく。

ワークショップ中は，なるべく多くの人と対話をし，和気あいあいと楽しみながら，同時にお互いの意見を聞き合い，行動を見合い，話し合いながら進める。

こうした活動を盛り込みながら物語を通して，実際の生活や将来を考え，決断を下す体験をする。

c. グループ活動

物語はいくつもの場面に分けられており，各場面は全員が参加できるようになっている。必ず，自分への問いかけのあと，その考えを表明したり，話し合ったりするなど，何人かでの対話の活動がある。

また，寸劇や，対話劇，工作など，何人かで協力して何かをつくり上げる機会も多く含まれている。人とのかかわり合いや分かち合いを体験しながら学ぶ活動なのである。

(2) ドラマ教育の歴史と
アプライドドラマが誕生するまで

イギリスでは、ドラマを使った教育が多くの学校で行われている。ここでは、イギリスでのドラマ教育の歩みと、アプライドドラマがどのように成立したのかについて、簡単に述べる。

①イギリスのドラマ教育の歴史

1915年 1917年	『教育のためのドラマの方法』[1] 刊行 『遊びの方法』[2] 刊行 　演じることの可能性と、ドラマを通じて楽しく学ぶこと、ドラマ教育の数例が載ったドラマ教育本2冊が出版される。
1921年 1926年	学校や地域などで「ドラマ教育（Drama in Education）」が行われ、政府発行の教育レポートに取り上げられる。 　初めてドラマ教育[3]について記事が書かれ、全国的に知られる。
1930年代	スーザン・アイザック[4]が「劇的遊び」は外的事実の発見、言語的判断、推論へ導くと考え、遊びの中に潜在する情緒と知力の発達の関係を発表する。
1948年	「教育のための演劇雑誌」が初めて発行され、ピーター・スレイド[5]のドラマ教育への貢献が称えられる。
1951年	「ドラマ教育」に関する部門（ドラマ研究所）が大学で初めて認可され、ドラマ専科が設置される。
1960年代	現在のドラマ教育と同様のアプローチが始まり、教育の広い分野で使われるようになる。イギリス北東部でドロシー・ヘスカット[6]とギャビン・ボルトン[7]が、子どもの想像力による思考をドラマという形式に沿って表現させるドラマ教育を展開する。 　ヘスカットは教師自らが役になり、演技を見せることによって、これから展開する物語の始まりを子どもたちに読み取らせる指導方法（ティーチャー・イン・ロール）を考え出した。 　ヘスカットの実践により、「どうやって私たちは生きるべきか」「生活をよくするためには私たちは何を学べばよいのか」など、子どもの自発性を尊重しながら環境・社会における関係を体験させるドラマ教育が行われるようになる。 　ボルトンはさらに、表現する感情の質を向上させることを追究する。「個人の感情の自己表現」「修正された感情表現」「ドラマで表現する感情が個人の感情状態と無関係な状態」の3段階に分けて実践の展開をした。
1970年代	ブライアン・ウェイ[8]とリチャード・コートニー[9]がドラマ教育を参加型演劇として発展させ、イギリス以外の各国にも、国際的にアプローチする。

1　The Dramatic Method of Teaching (Harriet Finlay Johnson)
2　The Play Way (Henry Caldwell Cook)

3　Drama in Education。演劇を教育現場に活用し、演劇によって人間のコミュニケーションや生きる力を育てる教育方法のこと。

4　Susan Isaac (1885-1948)。イギリスの児童発達心理学者。

5　Peter Slade (1912-2004)。ドラマ教育の先駆者的存在。

6　Dorothy Heathcote (1926-)。DIEを現在のような形に発展させた。
7　Gavin Bolton (1933-)。ヘスカットの同僚で、ドラマ教育に携わった。

8　Brian Way (1923-2006)。イギリスのドラマ教育者。
9　Richard Courtenay (1927-1997)。

1980年代	大学におけるドラマ分野のコースがいくつか開かれるようになる（教育学部，ドラマ学部，パフォーミングアーツ科，教育・ドラマ学部など）。また，必修教科ではないが，中学校，高校で「ドラマ科」が選択科目として人気を集めるようになる。
2005年	小学校では，教科教育を重視したために，1998年にドラマ教育が一時中断されたが，2005年に再開される。 　同年以降ドラマの導入は増加傾向をたどり，多くの学校で活用されている（チャイルド・ドラマの先駆者的研究者P.Slade は1956年に An Introduction for Child Drama を発行。その後 G,Bolton や R,Courtney がドラマ教育は人間の成長を包括し子どもの成長過程を映し出すと述べる）。

②アプライドドラマの歴史

　1995年，セシリー・オニールが『ドラマワーク』を刊行し，「プロセス・ドラマ」という方法が紹介された。これは，「進行役」が物語をリードし，「プレ・テキスト」を用い，「ティーチャー・イン・ロール」という手法で参加者とともに役を演じながら物語を進めていくものである。

　物語は多くの課題を含むシンプルなもので，そのなかには，進行役と参加者，参加者同士の多くのコミュニケーションと対話の機会が含まれている。

　参加者を現実にありそうな物語に引き込み，自分自身の状況と重ね合わせながら，いろいろな事実を気づかせたり，起こりうることを想像させたりする。物語の結末や結果そのものよりも，物語が行われていく過程を大切にすることから「過程ドラマ（プロセス）」と呼ばれた。オニールは，おもにこの方法を学校教育と劇場で実践し，ドラマを教育に応用した。

　1980年から1990年ごろ，ブラジルで，アウグスト・ボアールが「フォーラム・シアター」という手法を用いたドラマを行い，この方法は世界各国に広がっていった。これも現在のアプライドドラマのルーツの一つとなった。

　その後，これらの方法を踏まえたドラマ活動の方法が，イギリスとオーストラリアでアプライドドラマという名前になって改良され，教育方法の一つとして確立された[10]。

10　アプライドドラマの確立を示す文献。(James Thompson and Richard Schechner, 2004, Why Social Theatre, The Drama Review, 48, (3), pp.11-16.)

③各国のアプライドドラマ

　現在,アプライドドラマと同じ方法は,世界中で実践されている。呼び方は国によって違いがあるが,内容は共通していることが多い。

　例えばドイツでは「劇場教授法」,イタリアでは「社会劇場」,スウェーデンとノルウェーでは「演劇教育学」と呼ばれている。

　教師や俳優,演出家にとって手短で簡単に実践できるということで学校や劇場の中から始まったプロセス・ドラマは,学校や劇場の外へ飛び出し,大学,刑務所,高齢者施設や病院,養護施設,福祉施設,図書館,博物館,歴史的建造物,ビジネスの世界などで姿を変えながらも,さまざまな場所や状況で実践されている。

　日本でもアプライドドラマは広がりつつある。2000年から,日本とイギリスの友好交流を行う文化芸術交流アプライドドラマ・プロジェクトが著者（アレン・オーエンズ,ナオミ・グリーン）を中心に始まり,現在も継続中である。

　現在もアプライドドラマは両国を結ぶ架け橋として,両国の子どもや人々がコミュニケーションを図る大切な役割を果たしている。アプライドドラマは,両国の文化や生活を紹介し合い,意思の疎通を図り,お互いを成長させるための手段となっている。

　アプライドドラマを,このように国際交流や相互理解にも応用（アプライド）されていくことは未来に向けて必要なことである。

(3)ドラマ教育の導入と効果

　さて,アプライドドラマを学校に導入すると,どのような効果があるのだろうか。

①イギリスの場合

　すでに述べたように,イギリスでは,学校に「ドラマ科」がある。まだ教科として確立されていないころから,中学校・高等学校（11～18歳）でいろいろな領域を教えるために使われてきた。

　例えば,「国語」の読み書きや読解を深めること,「歴史」でその時代の生活や社会状況を理解すること,「地理」で住んでいる地域や世界での出来事に興味をもたせること,「科学」の進化を劇化して調べたりすること,「学活」で学級内のコミュニケーション方法を学ぶこと……など,さまざまな教科で活用されてきた。道徳教育や,自我の確立などの人格形成,社会教育にも導入された。

その後，16〜18歳を対象にした「ドラマ科」は人気の学科の一つとなり，年々多くの学生たちが選択するようになった。イギリスには，義務教育が修了するときに，GCSE（General Certificate of Secondary Education）という試験を受ける必要がある。このなかに「ドラマ科」もあり，たくさんの学生が試験を受けるようになった。

　現在では「ドラマ科」はハイスクール（中学校・高等学校）のカリキュラムにも導入され，ほとんどの学校にドラマスタジオがあり，専任のドラマ教師をおいている。学校によっては4〜5人，専門のドラマ教師を，非常勤でおいているところもある。

　また，小学校や特別支援学級でのナショナル・カリキュラムにも，1988年ごろからドラマ教育を使っている。

　イギリスの小学校では1998年から2005年にかけて，学力向上のために数学と国語（英語）の時間数が増え，一時期ドラマ科の授業はカリキュラムから姿を消した。しかし，2005年にドラマ手法の重要性や面白さが再考され，復活して現在に至っている。

　現在では，「ドラマ科」は，高等教育では文学をより身近に感じるための手段として，また，自己理解を深め，自我を確立させるよい教材として人気がある。同様に，大学では自己訓練や社会訓練の方法として取り上げられている。

②教育現場に導入すると

　世界中の教育者たちに「学校教育現場に導入しようとしていること」について聞いた調査がある[11]。この調査では「教科書に書いてあることを順番どおりに教えるのではなく，課題や提案，ヒントを与えて，子どもたちに発見や想像をさせることで，導いていく教育法」を取り入れたいという回答がもっとも多かったそうである。

　アプライドドラマは，いわゆる「座学」の，経験を伴わない知識と，社会生活を送るためのスキルの橋渡しをする役目になれると考えている。アプライドドラマでは，参加者（子どもたち）と進行役（教師）がドラマ活動を通して共に学び合うことで，お互いを理解し合い，そこで出た意見を現実社会に生かすにはどうすればよいのかを考えていく。このように，ドラマから自由に感じたり，受け取ったりできる「柔軟性」と，それを自由に表現できるモチベーションを子どもたちにもたせることができる。アプライドドラマは，いままでの行動や先入観を超えた新しい可能性を子どもたちに与え，前向

11
Jonothan Neelands, Learning through imagined experience.

きに生きていくためのアイデアを与えることができるのである。

　アプライドドラマを学ぶことは、生活と切り離すことができない。なぜなら、生きていくために大切なことがたくさん学べるからである。

2 アプライドドラマを知る

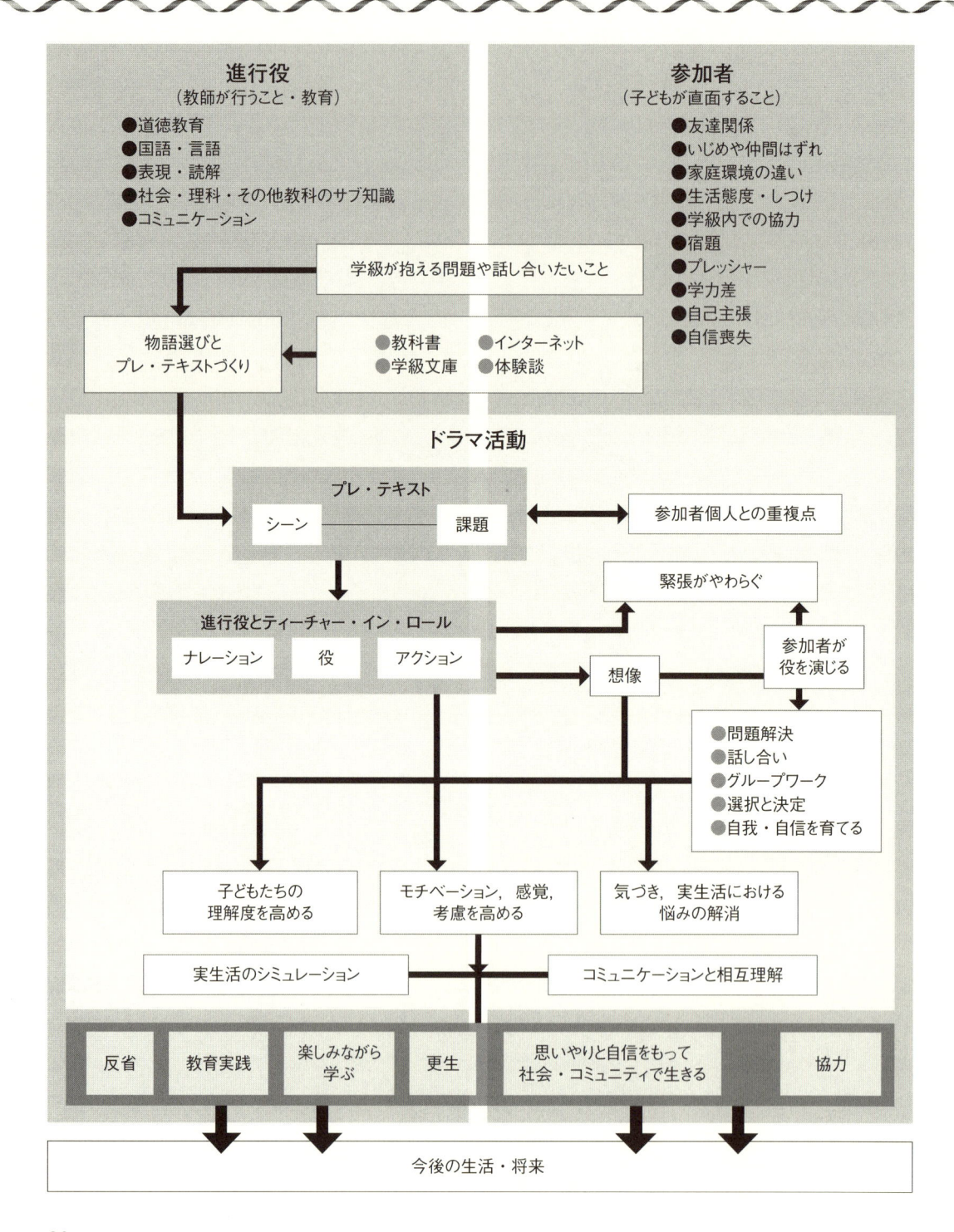

進行役
(教師が行うこと・教育)
- 道徳教育
- 国語・言語
- 表現・読解
- 社会・理科・その他教科のサブ知識
- コミュニケーション

参加者
(子どもが直面すること)
- 友達関係
- いじめや仲間はずれ
- 家庭環境の違い
- 生活態度・しつけ
- 学級内での協力
- 宿題
- プレッシャー
- 学力差
- 自己主張
- 自信喪失

学級が抱える問題や話し合いたいこと

物語選びとプレ・テキストづくり ← ●教科書 ●インターネット ●学級文庫 ●体験談

ドラマ活動

プレ・テキスト
シーン ─── 課題 ⇔ 参加者個人との重複点

進行役とティーチャー・イン・ロール
ナレーション　役　アクション

→ 緊張がやわらぐ
→ 想像 → 参加者が役を演じる

- 問題解決
- 話し合い
- グループワーク
- 選択と決定
- 自我・自信を育てる

子どもたちの理解度を高める ｜ モチベーション，感覚，考慮を高める ｜ 気づき，実生活における悩みの解消

実生活のシミュレーション ｜ コミュニケーションと相互理解

| 反省 | 教育実践 | 楽しみながら学ぶ | 更生 | 思いやりと自信をもって社会・コミュニティで生きる | 協力 |

↓ 今後の生活・将来

(1)アプライドドラマの要素

　アプライドドラマは，学級やその集団が抱えている問題や話し合いたい点を，物語とドラマ活動を通じて参加者に問いかけるという特徴がある。アプライドドラマの主要な要素として次の3つがある。

①進行役

　教師やワークショップリーダーなど，アプライドドラマをリードしていく役割をする人のことである。英語では「ファシリテーター」や「プラクティショナー」と呼ぶ。その日の授業に使う物語を選び，物語を語り，課題を出し，参加型演劇をリードする役である。

　しかし，進行役がすべてを決めるわけではない。授業における「教師－生徒」の役割のように，進行役が常に一方的に教えるわけではない。進行役は，参加者と一緒に物語を進行させていく立場なのである。

　進行役は，参加者の考えていることを引き出し，参加者たちが意見をまとめられるよう助言する。それによって，参加者たちが物語をいろいろな観点から深く考えられるようになり，物語を新しくつくったり，場面を加えたりできる。また，進行役も常に参加者と一緒に考え，物語づくりに参加する。

②参加者

　アプライドドラマを受ける子どもや学生たちのことである。英語では「パーティシパント」という。

　「参加者」と呼ぶ理由は，アプライドドラマは子どもだけでなく，学生，社会人，老人，障がい者など，さまざまな人たちを対象としているためである。また，教師が一方的に教え，子どもが受け身で学ぶ授業ではなく，参加者が自分の意思でお話に参加し，自分もアプライドドラマの活動の一員であるという意識をもたせるためでもある。

③プレ・テキスト

　現実社会に応用できる，いろいろな問題を含んだ「お話・物語」をドラマ教育教材用に書きかえたテキストのことである。

　「プレ」は「……以前の」という意味である。つまり，プレ・テキストは，完全にできあがっている台本（テキスト）以前の状態で，参加者たちへの題材の提案のことである。この題材をもとに，参加

者たちと進行役が物語を完結するまでつくっていく（一つの作品ができるように導く）ものであるため，プレ・テキストと呼ばれている。

　参加者たちを短時間で物語のなかに引き込んでいけるよう，ストーリーは，参加者の興味関心に合わせて常に変わっていく。すでに述べたように，アプライドドラマは進行役と参加者が一緒に物語をつくっていくものなので，状況に合わせて，参加者全員と話し合い，途中のストーリー展開や課題を変えたり，結末を変えたりしてもかまわない。つまり，そこに参加している人たちが，自分たちのストーリーを進行役と共につくっていく活動である。

(2)社会教育としての有効性

　アプライドドラマは幅広い専門分野でも使えるし，社会生活を向上させるために使われることもある。

　例えば，アプライドドラマは1980年代半ばから，刑務所で服役中の受刑者たちの更生教育の一つとして活用されてきた。また，病院職員たちの人間形成のトレーニングや，物語から人間の心理傾向を見つけるデータ収集，心理学研究，患者との対人関係を学ぶことにも役立っている（第4章参照）。

　また，ビジネスの最先端で働く人々がプレ・テキストを実践することにより，参加者の可能性や洞察力を引き出し，物語に反映しながら，協調性を高めることができるというトレーニング効果も評価されている（第4章参照）。つまり，アプライドドラマは，学校だけでなく，さまざまな人たちを対象にして，さまざまな場で使われているのである。

　社会教育としてアプライドドラマを行うと，参加者には次のような変化が期待できることがある。

①相互のコミュニケーションを深める

　アプライドドラマは自己発見と啓発を促し，個人の感性を重んじ，集団の中で参加者に自信をもたせ，それぞれが孤立しないようにする。

　イギリスでも同様だが，現代日本社会に生きる人々にとって，とくに最近相互理解と心のふれあいの大切さ，コミュニケーションの必要性が叫ばれている。子どもたちだけでなく，大人同士の世代間でのコミュニケーションも必要になっている。

多くの心理学者たちは，人間は一人で生きることはできないとし，それを『所属することの必要性』と説明している。だれかと話し合うことを通して，人間はお互いを助け合い，友人関係を築くことができる。人間にとって友人関係は大切な人格形成の一つであることは言うまでもない。ふだんの人間関係において，他人から拒絶，無視，嫌悪されることによって孤独に陥ることが多くある。軽視されずに他人に受け入れられることはとても大切なことであると述べている（Boulton, 2008）。

　学校の授業の中でゆっくりと時間をかけ，アプライドドラマを使って，子ども同士のグループでの話し合いや，子どもたちと先生の間で話し合いの場をもつことができれば，大きな変化が子どもたちに現れるはずである。例えば，子どもたちは自分の意見をしっかりともち，自我を確立させることができるようになる。また，子どもたちは，人の意見を聞いて協調性を高めると同時に発言することを話し合いの中で学ぶ。

②集団への所属感を高める

　もし，「集団に所属すること」「話し合い」に出会わずに生きてきた人がいるならば，肉体的にも心理的にもいろいろな悩みを抱えて辛抱してきたと推測される。幼少期は何の問題もなく，順応の必要もなく過ごしてきたかもしれない。しかし，成人すると，何らかの集団に所属しないままでは生活できなくなる。順応できないままだと，悩みが間違った方法で爆発することもあり，犯罪につながるケースもある。

　家族の中での話し合いや，交流，相互関係が人間にとって第一のコミュニケーションだが，それを得られなかった場合，学校，仕事の同僚や友達，隣近所など，何らかの集団に所属し，孤立しない方法を見つける必要がある。アプライドドラマの教材となる物語は自分自身を発見し発掘すること，そして人とのふれあいを大切にし，現代社会で孤立せずに生きていくことを教える。ドラマ活動を通して「孤独」がもつリスクの大きさを知ることが大切である。

　何かに属することの必要性をアプライドドラマの中で参加者が学び，実践し，生活の中で生かせるようになる。

③実生活に生きる判断力が身につく

　アプライドドラマで提案される課題は，「自分ならどうするか」という決断を迫られるものが数多くある。こういった葛藤を通した

価値判断を活動の中ですることで,実生活で同じような場面に遭遇したときに,考えたり決断したりできる力を身につけていく。子どもたちは,アプライドドラマの中で実生活のシミュレーションをすることができる。

(3) 学校教育で活用する意味

① 「話し合い」に慣れて,話し合うことが楽しいことと思えるようになる

著者がゲストティーチャーとして訪問した学校では,日本の授業の中には子どもたちだけで話し合いをするという習慣や機会があまりないため,話し合いや討論を苦手とする子どもたちが多く,異論を発表することは恥ずかしいことと考え,できれば,気心が知れた仲よしグループで固まって発言を控える傾向があると聞いた。

とくに小学校高学年になると学級の中で男子と女子が2つに分かれてまったく近寄らないとか,パートナーを組んで研究課題やドラマ活動を行うことがむずかしいと,ある小学校の先生からうかがった。

「子どもたちが小さいころから他者と話し合うことに慣れていたり,もっと自由に意見交換したり,公の場で人とは違う自分の意見を他人を意識せずに発言したりでき,それが楽しいと思えたとしたら,思春期でも自然に学級内で会話ができ,コミュニケーションも取れるようになる。ひいては日本の将来が変わるだろう」と,この先生は言っていた。

アプライドドラマを活用すると,子どもたちに話し合いの楽しさを知ってもらうことと,自分の意見をしっかりともち,人前で発表することができるようになる。人前で違う意見ををきちんと言えるようになるのである。

② 子どもたちの可能性を最大限に引き出す

アプライドドラマの活動では,子どもたちがもっている無限の想像力と希望を教師が聞く場,子どもたち同士でお互いに聞き合う場を提供できる。また,体で表現する・絵を描く・新聞紙で工作するなど,いろいろな表現方法で感情や状況を伝える課題をグループで行う。こうした活動を繰り返すことで,自分の思いを伝え,表現することに慣れていく。ふだんおとなしく人前で発言できない子ども

たちが，アプライドドラマを行うと，自己表現できるようになっていく。また感動や感情を表現することで，子どもたちが抱えるストレスを減少させることもできる。つまり，アプライドドラマは，子どもの抱えるさまざまな問題にアプライド（応用）させることができる。

　アプライドドラマは，子どもたち個人の思いや考えを教師が知り，子どもたちとふだんの授業ではできないコミュニケーションをとるチャンスを提供できる。

③自分を知ること，他者を知ること

　ドラマ活動の中で子どもたちは徐々に自分や他者を見つめ直し，自分で考えることや行動を起こすことの大切さや意義を発見し，同時に楽しさを見いだして自分の視点を確かなものにしていく。

　アプライドドラマの課題の発表を見たり，聞いたり，振り返ったりすることを通じて，他者の多様な考えや認識に気づいたり，受け入れようとしたり，それをもとに考え直したりする機会にもなる。

④アプライドドラマの効果

　学校教育において，「ドラマ」は，教科（国語や社会）を教えるための学習媒体，教科を統合するための教育方法，道徳教育などに使われてきた。

　イギリスの高等学校（16歳～18歳）における選択科目にドラマがあり，人気科目の一つである。ほとんどの学校にドラマの授業用のスタジオが設置され，専任あるいは非常勤のドラマ教師がいる。

　小学校におけるドラマ活動は，イギリスにおいて長い歴史がある。1998～2005年はナショナル・カリキュラムの影響で，数学と国語（英語）が重視され，ドラマの授業が消えかかった。しかし，2005年にドラマの重要性や面白さが再評価され，小学校に再びドラマが導入されるようになってきた。

　高等教育において，ドラマは文学をより身近に感じ，深い理解を導き出せる。さらに，学生たちは，ドラマを通して，自己の行動や感情を反復する機会を得て，自我を確立する助けをする。また，ドラマは，自己訓練や社会訓練の場を提供できる。

第2章

アプライドドラマの構成

アプライドドラマを行うためには，具体的に何をする必要があるのか。

本章では，アプライドドラマを行うために必要な物語の選び方や，導入方法，実践に必要な手法，活動の組み立て方などを解説する。

1 プレ・テキストになる物語の選び方

　本書に提案するアプライドドラマは，プレ・テキストによるドラマ活動である。アプライドドラマを行うには，まず，プレ・テキストになりうる物語（教材）を選ぶ必要がある。物語の中に今日的内容や課題が含まれているか，または織り込むことができるか，という視点でプレ・テキストになりうる物語を探す。

　例えば，友達同士の仲たがいやいじめが学級で起きているとき，担任は状況を把握し，適切な方法で友達関係について考えさせようとするだろう。このときにアプライドドラマを行うとしたら，状況に合ったプレ・テキストを選択する。

　例えば，3匹の性格が違う動物が登場し，同じ学校に通いながらも，それぞれの成長過程をたどり，違う将来を迎える物語を選ぶとする。仲よしの「カメ」「ウサギ」「チーター」は，同じ野原に住み，同じ小学校に通っているが生活の環境や状況がまったく違う。と物語を設定する。登校の仕方や授業風景など，その違いをグループで考えさせる。または，登場人物が1年生のとき，6年生のとき，17歳になったときなど，成長の時期を設定して考えさせる。

　このようなプレ・テキストを通して，友情関係や違いから生じる誤解，仲間はずれ，自信喪失，いじめなどについて考え，話し合いをする。その過程で，参加者である子どもたちは，友達や教師が，これらのことについて，どう思っているかを聞いたり，意見交換したりできる。以上のように，プレ・テキストは，子どもたちの実際の生活に相通じる物語を使うことが大切である。

　第3章にプレ・テキストの例を掲載したが，参加者の状態に合わせて，オリジナルのプレ・テキストをつくる必要が生じるだろう。そのときの物語の選び方を解説する。

(1)プレ・テキストのための物語選びのポイント

　物語の選び方には，いくつかポイントがある。以下の条件をすべてそろえる必要はないが，参考にしながら選択するとよい。

①教師自身が好きな物語であり，参加者（子どもたち）とその内容や解決策などを共有したいと思えるもの

　アプライドドラマは，進行役と参加者が共に物語をつくる。そのためには，進行役自身がプレ・テキストにした物語を熟知し，感情移入する必要がある。

　教師自身が好きな物語は，参加者と一緒にドラマ活動を行う気持ちになりやすい。進行役の気持ちが物語に入り込んでいれば，緊張しなくてすむ。また，どうやって物語を語り始め，どうやって参加者たちの気持ちを引き込んでいくのか，などについても考えやすい。

②登場人物がどのような言動をしているか，想像の余地があるもの

　アプライドドラマでは，物語を細かい場面に分け，物語の内容を語るナレーションと，課題を交互に行う。この繰り返しの中で参加者たちがドラマ活動に集中するために，考える焦点をシーンごとに1つずつ絞り込むことが大切である。そして，原作に明記されていないことを，「なぜこんなことをしたんだろう」「このときどうしていたんだろうね」などと問いかけながら，考えさせたり，想像させたりする。このように参加者たちが，想像し，つけ加える余地がある物語を選択することが重要である。

③身近な題材をテーマにしているもの

　身近な題材をテーマにすると，大多数の参加者にとって，自分自身の問題になるので，わかりやすく，日常生活との接点を見つけやすい。したがって，参加者たちは，ドラマ活動で学んだことを日常生活に応用しやすくなる。

　例えば，小学生なら学校や宿題，家族や友達関係のことが考えられる。受験生なら，進路や将来の職業がテーマに考えられる。

④いろいろな観点でとらえられ，言葉や表現が多くの意味をもつもの

　多義性をもった物語に挑戦すると，参加者の新しい可能性を引き出すことができる。

　例えば，「桃太郎」で，彼が桃から生まれたことは，特別な子どもである，使命をもって生れてきた子である，おばあさんの願いが込められた子どもである，などさまざまな意味が想像できる。同様に，川から流れてきたことも，さまざまに想像できる余地がある。桃や川が象徴する意味も，さまざまに想像できる。つまり，「桃太郎」という物語には，参加者がそれぞれに考えられる多義性がある。その多義性があるので，参加者の想像力が広がる。また，ほかの人は

どう思ったり，考えたりしているか，いろいろな意見を聞くことを通して，自分の考え方の幅を広げ，お互いに学び合える。

⑤物語が急展開せず，多くの質問を投げかけるもの

物語の展開が，急ぎすぎたり，結末を途中で予測できたりするものよりも，場面ごとに「どうしたら一番よいのか」「するべきか，しないほうがよいのか」など，多くの質問を投げかけるものがよい。

進行役は，これらの質問を課題として各シーンの合間に与える。課題をグループで話し合ったり，意見を発表し合ったりすることを通して，参加者たちは物語を深く考察できる。また，進行役は，参加者たちから，独自の物語を引き出すことができる。

もし，進行役が，道徳やしつけなど，特定の目的に焦点を絞る場合は，次のような配慮が必要である。

例えば，いじめられている子どもを対象に質問する場合を考えてみる。進行役は，物語を選択し，いじめのターゲットにされている子どもにどんな質問をするか，学級のほかの子どもたちにはどんな問いかけを行うか等についてあらかじめ考えておく。そして，参加者全員が，その問題に興味をもつことができ，ほかの子どもたちが求めていることを聞き出せる課題を設定しておく。

例えば，「浦島太郎」で，子どもたちがいじめられているカメをどう助けるかを話し合い，子どもたちに場面を創作させた場合，現実に起きている事実やそれぞれの子どもの訴えたいことが，ドラマ活動の中に反映された状態で表現される場合が多い。

⑥参加者の発想で自由に変えられるもの

よく知っているはずの物語に，いつもと違う設定があることは，参加者たちに物語をつくりかえる意識をもたせるのに役立つ。例えば，「雪女」は，もともと，山に出かけていくのは老人と青年である。これを「2人の男性」に変えると，どのような間柄だったのか，家族なのか，友人なのか，仕事仲間なのかなど，参加者たちが登場人物を想像し，自由に設定することができる。さらに，この2人の男性の関係を決めることで，いつごろの話で，なぜ山に出かけたのかなど，物語の背景もオリジナルに設定できる。時代背景，時間，出来事などを自分たちの物語に変化させることができる。

⑦印象深い登場人物が出てくる物語であり，彼らを登場させることが可能なもの

基本的には，登場人物があまり多すぎず，複雑でない物語を使う。

古典劇やむずかしい文学作品でも，登場人物が簡潔でわかりやすければ，物語を部分的にプレ・テキストに起用できる。物語の全体を使用せず，一部を使うのである。

例えば，「リア王」には性格が正反対の姉妹が登場する。この性格の大きな違いは参加者たちの印象に残る。遺産相続の場面で，うそをついて利益を求める姉たちと，正直に気持ちを語ったために追放されてしまう妹を対比できる。この対比を道徳や倫理の教育に応用できる。さらに，参加者たちがシェイクスピアに興味をもつきっかけにもなる。

ドラマ活動に新たに登場人物を加えるときは，実際に物語に登場する人物でも，自分たちで考え出した人物でもよい。

例えば，城が舞台なら，物語になくても召使いや家来たちをたくさん登場させることもできる。

⑧たくさんの隠喩を含むもの

物語に，多くの投げかけや，考えなければいけない課題，葛藤場面，隠喩などを含んでいることが重要である。

例えば，「桃太郎」には，桃太郎とおばあさんが別れる場面がある。桃太郎の「竜の館に行きたい」という意思表示は，「親からの自立」を象徴的に表している。子どもの自立の隠喩である。このような比喩表現は，物語の一部として表現されているが，参加者の状況に応じて，進行役は，どのような意味（隠喩）をもたせるのが適切かを考え，参加者たちに問題解決の機会を提供する。

これは，アプライドドラマの重要な目的の一つである。参加者たちが，物語の中で問題解決を経験し，それが参加者一人一人の実生活につながる。ドラマ活動の経験を，現実の生活に生かせることができるのである。アプライドドラマが，参加者一人一人の生活と人生の隠喩になっているのである。

(2)物語の使い方，アレンジ・分割の方法

進行役は，選択した物語をプレ・テキストにするとき，物語の全部を通して使っても，いくつかの場面を選んで使ってもよい。物語に書かれているせりふ，文をそのまま使うか，変えて使うかも，進行役と参加者たちの自由である。物語の要の部分を選択し，元のストーリーどおりに進め，ドラマ活動の進行過程で参加者たちの発案

があれば，徐々に物語を変えていくことも可能である。

　あるいは，進行役は，物語が始まる前の場面を考えて，そこから始めたり，物語の途中や結末から始めたりすることもできる。アプライドドラマでは，進行役は自由に場面を設定し，好きなところから始めることができる。

　例えば，シェイクスピアの「ハムレット」は，ハムレットの青年期から始まる。しかし，「ハムレット」をプレ・テキスト化したとき，ハムレットが7歳のときから始まるように設定した。このようにすることで，参加者たちは原作にない物語を想像し，登場人物を深く掘り下げて考えられる。ハムレットは幼少のころどんな生活をし，どんな状況だったのかについて考えることができる。ハムレットの家族関係，父親が死んだ経緯なども共に考え，演じながら物語をつくる過程で，ハムレットという登場人物を詳しく掘り下げることができる。こうして参加者たちが詳しく推理していくことで，原作の事件に迫ることができる。最終的にハムレットが父親のかたきをとるために叔父を殺すか，あるいは止めるか，を参加者たちに決断させることができる。

　また，参加者たちを物語に引き込むために，物語を大幅に変えたり，劇的に発展させたりして，プレ・テキストをつくってもよい。

　また，登場人物役を参加者に割りあてるために，全員が参加できる場面をつくることもできる。この「コンベンション」は，コレクティブ・ロールと呼ばれる。例えば，「桃太郎」に，桃を拾ったおばあさんが村に駆け込むシーンを設定した。桃太郎を拾ったおばあさんがどうやって村まで帰ってきたかは書かれていない。そこで，参加者全員が村人になり，おばあさんがこの不思議な経験の驚きと歓喜を彼らに訴える場面を加える。そして村人たち全員が，思ったことを発言する場面をさらに加えることもできる。

> コレクティブ・ロールについては，P.178参照

(3)課題の設定の仕方

　プレ・テキストをつくるとき，課題を行うグループワークの人数は，何名くらいが適当かを考える必要がある。人数設定を誤ると，それぞれの課題におけるグループワークがうまくできない。プレ・テキストをつくる段階から，それぞれの課題について，おおよその人数を想定しておく。

また，参加者たちが実際に課題に取り組んでいるとき，うまく進んでいないと判断したら，その場でグループの人数を変えたり，グループを組み替えたりと臨機応変に対応する。

　アプライドドラマを行うときは，時間を考慮しながら，細かく分けたシーンごとに，参加者たちのレベルに合った質問や活動を考えておく。それぞれの課題は，全体のバランスを見ながら構成する。

　例えば，「桃太郎」は50分授業で使うことを想定し，8場面に分割し，次のような13課題を設定した。
　①質問や話し合いを行う課題
　②体を使って表現する課題
　③話し合い，体で表現する課題
　④対話をする課題
　⑤話し合いをする課題
　⑥数人で絵を描く課題
　⑦寸劇を発表する課題
　⑧ドラマの問題解決を，実生活に投影する課題
　⑨状況を考える課題
　⑩即興で対応する課題
　⑪最後に自分の意見をまとめ決断する課題
　⑫人の意見を聞く課題
　⑬振り返りをする課題

　「桃太郎」のプレ・テキストは，参加者がドラマ活動を通して，「桃太郎」という物語の続きを考え，前向きに話を進展させるように構成されている。

(4)その他の留意点

①象徴としての小道具について

　プレ・テキストをつくるときにも，実際にドラマ活動を行うときにも，物語を象徴する簡単な小道具があると役に立つ。これらの小道具が，参加者たちに強い印象や興味を与えることができる。

　例えば「桃太郎」では，「1枚のカラフルな布」を，桃太郎の成長過程を象徴的に表現するために使用する。

　物語自体が参加者たちに強い印象与え，興味をもたせるものであれば，小道具等を必要としない。

②身のまわりのものを教材にする

　プレ・テキストによっては，教材が必要になる場合もある。

　例えば，古新聞で衣装を作ったり，リサイクルごみを使って物語に登場するキャラクターを製作したする。

③雰囲気づくりとしての音楽

　それぞれの物語にイメージ音楽を決めて，活動の際に，課題やドラマ活動とともに使用すると効果的である。音楽の選択は，プレ・テキストを検討し，どのような曲を使うと効果的かを考える。通常，選曲は，進行役が行う。

　また，参加者の課題として，あらかじめ物語を参加者に知らせ，ドラマ活動のときに，参加者自身に持参してもらうこともできる。この課題により，参加者たちは，音楽のもつイメージによって，プレ・テキストが大きく変化することを学ぶことができる。

④グルーピングの留意点

　課題ごとにグループを変えて，活動してもよいし，同じグループで活動を続けてもよい。それぞれの参加者は，自分ができないことや，そのグループでしか経験できない，といったさまざまな状況を体験しながら学ぶからである。

⑤プレ・テキストの削除と追加

　すでにできあがっているプレ・テキストでも，ドラマ活動のたびに，参加者に合わせて，不要な場面はカットしたり，必要な場面を追加したりする。アプライドドラマは進行役になる教師のトレーニングでもある。教師は，試したり，立ち止まって考えたり，新しいことを学んだりしなければならない。進行役（教師）は，参加者に合わせて，臨機応変に行い，繰り返すことが必要である。進行役（教師）にとって，参加者たちはプレ・テキストを作成したり，改良したりするために，必要不可欠な共同開発者でもある。アプライドドラマでは，進行役と参加者たちが常に協力して新しいプレ・テキストを創造しているのである。

2 ドラマ活動の導入——
ストーリー・スプーン：物語の象徴

　プレ・テキストを決め，課題と質問を準備したら，実際にドラマ活動を行う。最初に進行役が，自分やプレ・テキストを象徴するものを儀式的に参加者たちに示すことで，スムーズに参加者たちをドラマ活動に導入できる。

(1)物語の象徴を儀式的に示す

　通常，学校でのドラマ活動は，教科学習や学級活動から，ドラマの物語に子どもたちを引き込んでいく。そのときに，物語を儀式的に示すことによって，日常の活動からドラマ活動を切り離すことができる。そして，このことは，ドラマ活動が，現実ではなく，非日常的な活動であることを参加者たちに意識づけることができる。

　ドラマ活動が現実世界でないことによって，子どもたちは，自分の意見を言いやすくなる。さらに，ドラマ活動は非現実世界で起きていることなので，子どもたちは，傷つけられることはない。つまり，ドラマ活動という想像世界という安全な枠を設定できる。

　同時に進行役は，ドラマ活動は日常生活に役立てるために行うものであることを踏まえておく必要がある。つまり，ドラマ活動が現実世界の隠喩であることを常に考えなければならない。

　導入時にドラマ活動の「象徴を見せる」儀式は，それぞれの進行役が自分のアイデアややり方で行うものである。儀式は，堅苦しいものではなく，だれにでもできる。

　例えば，象徴として絵葉書や手紙を使う。できれば，ふだんから世界各地から送られてきた本物の手紙を集めておくとよい。さまざまな消印，切手，手紙の内容だとさらによい。

　例として「リア王」のプレ・テキストを使う場合を取り上げる。プレ・テキストのために新しい封書をあらかじめ作り，登場人物（コーディリア）から進行役に送られてきた手紙のように細工しておく。手紙に「〇〇様（進行役）へ。私はいま一人ぼっちです。私が王様に言ったことはいけないことだったのでしょうか？　皆さん

どう思いますか？」と書いて，封筒に入れておく。この手紙をほかの手紙に混ぜて，導入時に参加者たちの前に広げる。進行役は，「私はよくいろいろな国の方から手紙をもらいます。これは，イタリアの友達からです。ちょっと，読んでみますね。○○さん（進行役）へ，最近の生活はどうですか？……」と読む。次の手紙を取り上げ「これはスウェーデンから。○○さん（進行役），先日はストックホルムに来てくれてありがとう。雪女はその後どこへ行ったのでしょうか？」などと読みあげる。これらの手紙紹介は，ドラマ活動の導入と同時に，進行役の自己紹介にもなる。そして，3番目にあらかじめ用意していた手紙を紹介する。進行役は「でも，昨日届いた手紙には，（コーディリアの手紙を取り上げ，参加者たちに見せて読み始める）『私は今一人ぼっちです。私が王様に言ったことはいけないことだったのでしょうか？　どう思いますか？』と書いてありました。今日は，皆さんとコーディリアが住んでいる世界へ行ってみたいと思います」などとドラマ活動を始める。

　手紙にこだわらず，参加者に「これからドラマの世界に入る」ということが伝わる方法なら，どんな方法でもよい。

(2)象徴としての「ストーリー・スプーン」

　著者（オーエンズ）は「ストーリー・スプーン」を使う。以下の手順で物語の象徴を用意し，自己紹介とドラマ活動の導入を行う。

①進行役は，参加者全員を自分の周りに集め，持参した大きな布で二重に包まれている「あるもの」を見せる。その大きさは，40cm×20cm程度で，筒状のものである。

「ストーリー・スプーン」

②進行役は，これをおごそかに古い革製のかばんから取り出し，床に置き，参加者たちの前でていねいに布を一枚ずつとっていく。通常，参加者である子どもたちは，布の包みの中に何が入ってい

るのかを興味津々で見つめる。

③進行役が，包みを開けると，古い木製の大きなスプーンが出てくる。このスプーンには，約100個のいろいろなものが，すだれのように糸で吊り下げられている。これが，「ストーリー・スプーン」と呼ぶものである。

④進行役は，参加者たちにそれを見せながら，「ここに下がっているいろいろなものは何でしょうか？ どこのものだかわかりますか？」と質問する。そして，一つ一つ手にとって「これはセネガルから，これは西アフリカ，中国，パレスチナ，イギリス，日本……」などと説明する。

⑤進行役は，「ストーリー・スプーン」を高く持ち上げて揺らして見せる。そして，「このすだれは世界各国の人々の生活です。ここにぶら下がっている，羽，かぎの束，格子柄の木綿のハンカチ，青いビーズ，絹のハンカチ，リング，金魚，布の花，腕輪，銀のハートのネックレス，小さな貝殻が入った小さなガラスびん，紫のリボン，小さなボール，ラッパ等……は世界中から集めたもので，一つ一つに世界のお話が託されています」と言う。進行役が，「ストーリー・スプーン」を揺らすと，吊り下がっているオブジェがカチャカチャと音を立てながら揺れる。それは，まるでカラフルなカーテンのように見える。

⑥進行役は，「このスプーンでいろいろな国々の，いろいろなお話を取り上げて，ここにいる皆で，その物語に味をつけたり，かき回したりしながらお芝居をしていきたいと思います。これが皆さんとこれから行うアプライドドラマです。物語の世界を通していろいろな国の人々にふれ，旅をし，一緒に考えたり，話し合ったりしていきます」と説明する。

⑦最後に，オブジェのなかの1つをつまんで，「今日行う物語はこれです！」と参加者たちに見せながら言う。

このように，「ストーリー・スプーン」を使って儀式的にドラマ活動のはじまりを参加者たちに伝えることができる。

⑶「ストーリー・スプーン」のもつ意味

①儀式のための道具

「ストーリー・スプーン」は，現実から非現実の世界へ入るための，

導入である儀式のための道具の役割を担っている。つまり，子どもたちが「ストーリー・スプーン」に集中している間に，現実とは異なる想像の世界へ進行役の導きで招き入れられる。

②参加者たちとのコミュニケーションのきっかけ

「ストーリー・スプーン」は，著者（オーエンズ）の宝物で，ドラマ活動を行うときは，どこへでも持参している。そして，ドラマ活動をする前に参加者に必ず見せ，上記のような儀式を行う。

この儀式には，次のような重要な意味が2つある。第1は，参加者たちに「ストーリー・スプーン」を見せることで，初対面の彼らとコミュニケーションをとることである。第2に，進行役である自分自身を紹介することである。

これらは，プレ・テキストに不可欠な要素である。子どもたちは，「ストーリー・スプーン」のオブジェに大変興味をもち，触りたがったり，いろいろなことを質問したりする。つまり，「ストーリー・スプーン」が，きっかけになり，参加者たちと進行役とのコミュニケーションを自然に始めることができる。

③プレ・テキストの内容にかかわる象徴

「ストーリー・スプーン」を参加者たちに見せたあと，これらのオブジェは，20年以上にわたって世界各国の人々と進行役が一緒に行ってきたドラマと物語の象徴であると説明する。また，プレ・テキストは，さまざまな人たちから引き継いだり，聞いたり，教えてもらったり，自分で創作したりしたものであると話す。また，世界の名作物語，口承文学，昔話なども含まれていることを話す。つまり，これらのオブジェは世界中からの物語を象徴している。

そして，進行役は，当日に使う物語のオブジェを手にとって参加者たちに見せ，「今日は，皆さんとこのオブジェの物語を一緒に考え演じていきたいと思います」と言う。例えば，桜貝が入った小さなガラスびんを取り上げながら進行役は，「昔々，日本という国で年を取ったおばあさんが川で洗濯をしていました。風が吹くたびに木々が揺れ，桜の花弁を目の前の川に散らしています……」などと言って，物語に入っていく。このびんに入った桜貝は『桃太郎』で語られる川に桜が散る場面をイメージして「ストーリー・スプーン」に取りつけられた。進行役は，あるオブジェにプレ・テキストの内容を象徴するイメージをもって，吊り下げている。

参加者の年齢が高い場合は，そのオブジェにかかわる物語にどの

ような意味やテーマが込められ，どのようなことを象徴しているかなどを説明する。例えば，オブジェに込められたねらい，隠喩，イメージなどを論理的に説明する。そして，進行役にとって，世界の人々とドラマを共有することは，自分自身の生きる糧であり，課題であり，生きざまであると語る。進行役は，これらを紙に書くかわりに肉体を通して表現していることを参加者に伝える。さらに，プレ・テキストは，参加者たちが物語と対話をするためのきっかけである，と伝える。つまり，プレ・テキストが，参加者が物語を対峙し，かかわるための媒介であると伝える。

(4)「ストーリー・スプーン」のルーツ

> Heathcote, 1984.

「ストーリー・スプーン」のアイデアは，ドロシー・ヘスカットのドラマ教育に関する著書から発想を得た。ヘスカットは，スプーンをドラマの隠喩として次のように述べている。「ドラマは，台所で料理をすることと同じで，大きなスプーンでいろいろなものをかき回して，混ぜ合わせてよりよいものをつくっていきます。そして，皆さん自身でかき回すことによって，皆さんがお互いをさらによく理解し合うことができるのです」とヘスカットは述べている。

ここでいう「スプーン」は，物語に埋め込まれている信念，原理，教えなどを参加者たちに自分自身で気づくようにさせ，活性化させるために使われる。そして，オブジェを使用することで，進行役が参加者たちに伝えたい内容を象徴的に示すことができる。参加者たちは，物語の凝縮された雰囲気をオブジェを通して，ひと目で確認でき，興味をかき立てられ，これから行うドラマ活動に好奇心を抱くことができる。そして，オブジェは世界各国の人々の生活を象徴しているので，当日に行うドラマ活動の物語が，彼らの世界の一部であることを示すことができる。したがって，参加者たちがこれから行うドラマ活動は，よその物語ではなく，自分たちも社会の一員として物語に参加し，わがこととして行うことであることを暗黙のうちに参加者に伝える。オブジェを通して，参加者たちは，世界の人々とつながっていることを隠喩的に自覚することができる。さらにいえば，ドラマ活動に自分個人としてだけでなく，社会の一員ととしての自分として参加することである。

このような象徴的なオブジェを用いた伝統的な伝授方法は，世界

中でさまざまなやり方で使われてきた。例えば，アメリカ先住民たちは，皆が公平に発言できるために，スプーンではなく，「話の棒」を使っている。この棒を持った人が，話す権利を与えられる。逆にいえば，この棒を持った人の意見をそこに集まった住民たちは，必然的に聞かなければならないという暗黙の了解がこの棒に埋め込まれている。つまり，この棒が発言権を象徴していることになる。

　著者（オーエンズ）のアプライドドラマは，この「ストーリー・スプーン」に凝縮され，象徴的に現れている。つまり，ドラマ活動は，「世界中で営まれる生活」を象徴的に見せ，参加者に経験させるように構成されている。アプライドドラマは，参加者たちが自分自身で心を開き，前向きに生活していくために行う活動である。

　進行役は参加者たちの視野を広げる手助けをし，質問を投げかけながらドラマ活動を進めていく。そして，進行役は，より多くの参加者たちの意見を聞きながらドラマ活動が進行していくように心がける。そのために，参加者たちがドラマ活動にスムーズに入っていけるよう，オブジェを物語のシンボルとして使い，儀式的な方法をアプライドドラマの導入部分で行うのである。この方法は，日本の教育にも応用できると考える。

3 アプライドドラマの主要な手法

(1)進行役の基本手法

進行役が，アプライドドラマにおいて，プレ・テキストを進めていくうえで使用する主要な手法は以下に示すものがある。

①ナレーション

「ナレーション」は，進行役がプレ・テキストを参加者たちの前で語る「コンベンション」である。進行役は，内容を暗記して語っても，プレ・テキストを見ながら語り聞かせても構わない。

「ナレーション」は，ただ読むのではなく，抑揚をつけたり，少し動作をつけたりしながら進めるとよい。こうすることで，参加者たちが物語を理解しやすくなり，興味をもってドラマ活動に取り組むことができる。「ナレーション」という「コンベンション」を使うことで，物語を導いていくことができる。

②ティーチャー・イン・ロール

「ティーチャー・イン・ロール（TiR と略）」は，「ナレーション」の途中で進行役が物語の登場人物になって演じることである。とくに，物語の導入部で，参加者が物語の雰囲気に慣れるまで，進行役は「ナレーション」と「ティーチャー・イン・ロール」の技法を交互に使いながら物語を進めていく。

TiR を使うときのコツは，声のトーンや話し方のアクセントを変えたり，歩き方や動き方を変えたりすることである。また，TiR として登場人物のせりふを言うときだけ，シンボルとなる物を身につけることも効果的である（例：登場人物を演じるときだけ帽子をかぶるなど）。つまり，進行役として語るときと，登場人物になってせりふを言うときは，何かを変えることがコツである。こうすることで，参加者は，「ナレーション」と「ティーチャー・イン・ロール」との違いを区別することができる。

TiR を上手に使いこなすコツは，定期的に登場人物の役から進行役に戻って，参加者たちに質問したり，課題を行うように指示した

りすることである。つまり、進行役とTiRによる登場人物とを明確に対比させることである。

③パートナー・イン・ロール

「パートナー・イン・ロール（PiRと略）」とは、進行役の教師以外にほかの教師がアシスタントとして、ドラマ活動に加わり、登場人物を演じることである。したがって、進行役による「ティーチャー・イン・ロール」の登場人物とは異なる、もう一人の人物を登場させることができる。基本的に物語は、進行役がコントロールしていく。原則として、「パートナー・イン・ロール」の登場人物は進行役が言うせりふに従って動く。

アシスタントがいないときは、参加者たちの中から希望者を募り、手伝ってもらうこともできる。この場合は、参加者たちがある程度ドラマ活動に慣れている必要がある。

PiRは、とくに幼児や、障害をもつ人とドラマ活動を行う場合に効果的である。一人で語ると、登場人物の数や関係性、物語の内容がわかりにくいが、相手がいることでわかりやすくなる。短い時間で物語を理解させ、物語の中に入り込みやすくなる。劇中の主要登場人物を進行役が演じ（TiR）、相手役をPiRが演じることで、役どころをはっきりさせ、会話が目に見え、物語の状況をさらに詳しく表現できる。参加者に演じることを身近に感じさせ、よい手本となるとともに、自分たちの劇をつくるという意識をもたせる。

例えば、「雪女」では、PiRが雪女を演じると、若者役のTiRと会話をする様子がひと目でわかり、よりはっきりと物語の流れをつかむことができる。「リア王」のように大人でも読解がむずかしいといわれるシェイクスピアの物語も、この技法を使うと、すぐに状況を把握でき、より理解を深められる。

(2) その他の「コンベンション」について

アプライドドラマを行うときに知っておきたい「コンベンション」と、本書のプレ・テキスト内に使われている「コンベンション」をまとめて、巻末に掲載した。参照されたい。

4 アプライドドラマの構成――キー・コンセプト

　導入が終わったあと、いよいよドラマ活動に入る。その構成は、次のとおりである。

(1)コントラクト（協定／契約／同意）

　世界各国の教育現場でアプライドドラマをするとき、初めて出会う参加者たちと最初の5～6分に「コントラクト」をする。具体的には、これは進行役が参加者たちに自己紹介をし、あることについて同意し、協定を結ぶことである。協定といっても堅苦しいものではなく、進行役と参加者たちの両者が、心地よく楽しくドラマ活動の時間を過ごすためのことをいくつか確認し合う。教師が、教室でアプライドドラマを行うときは、毎回「コントラクト」を実施することをすすめる。

　最初に進行役は、物語のタイトルと簡単な内容の紹介をし、参加者たちが物語を一緒に体験することについて、全員の同意を得る。ドラマ活動では、参加を強制しない。参加者が子どもであっても、物語を聞きたくなかったり、演じたくなかったりするならば、ドラマ活動への参加を断ることができる。ただしその場合、進行役は、その参加者がどうしてドラマ活動に参加したくないのかを一緒に考える必要がある。そして、どうしたらその人が、何らかの形でドラマ活動に参加できるのか、その人と話し合うことが重要である。

　アプライドドラマで使う物語は、寓話、昔話、ノンフィクションなどを題材にすることが多い。したがって、内容によっては、参加者の日常生活と重複するものを使うことがある。その場合、ドラマ活動に参加すること自体が、心の葛藤やストレスになってしまう危険性もあるため、進行役はドラマ活動をする前に、参加者一人一人の気持ちを尊重し、コミュニケーションをとるようにすることがとても大切である。

　「コントラクト」で、参加者たちと一緒にドラマ活動をするために以下のことに同意してもらうようにする。

①参加者全員がこれから行う物語に積極的に参加すること。
②ドラマ活動の最中も終了後も物語について，学級内で言い争いや個人的な非難をしないこと。物語をいじめの理由にしないこと。ドラマ活動が終了したら，物語の人間関係を日常生活にもち込まない。
③物語を前向きに考え，みんなで意見を出し合い，話し合い，協力して物語を進行させていくこと。
④グループ内で意見の食い違いが起きたときは，みんなでよりよい答えを考えること。

進行役は，これらを黒板に書き参加者全員の同意の確認を取る。口頭で行ってもよい。

> **『桃太郎』の「コントラクト」例（P.60参照）**
> 桃太郎という皆が知っている話をします。ただ，このお話には，おじいさんやサルや犬，キジは出てきません。そして，桃太郎は鬼が島に行くのではなく竜の館に行きます。このように物語を変えた理由は登場人物を減らして内容を簡潔にし，考える焦点を桃太郎とおばあさんにしぼるためです。

(2) 事前エクササイズ

アプライドドラマには，正しい導入方法というものはない。ただ，物語に入る前に，物語に関連した短いエクササイズをウォーミングアップとして行うとよい。事前エクササイズは，体を動かすこと，ゲーム，何かの決断をする活動，集中力を必要とする活動，登場人物を紹介するデモンストレーション，歌，音楽などがある。

参加者の状況と，プレ・テキストの内容を考えて，3～5分程度，ウォーミングアップとして事前エクササイズを行うとよい。

事前エクササイズの留意点は，この活動で，参加者たちの興味を物語にひきつけ，物語に関係する参加者たちの感受性を高めることである。つまり，参加者が事前エクササイズで何かを感じることができるようにする。事前エクササイズは，アイスブレークと呼ばれることもある。心や体の緊張をほぐす意味もあるからである。

事前エクササイズを行うことで，参加者たちは，物語をより身近に感じ，ドラマ活動にスムーズに参加できる。

> **『桃太郎』の事前エクササイズ例：変身ゲーム（P.60 参照）**
> ①全員，教室の中を自由に歩き回る。
> ②進行役が「3人で桜の木から花びらが落ちるところ」と言ったら，近くにいる人3人でグループをつくり，その様子をフィジカルシアターでつくる。
> ③進行役の合図をしたら，またばらばらになって部屋を歩き回る。
> ④同様に進行役がお題を出し，グループで表現する。「5人でお城の門」「8人で竜」など，グループになる人数をだんだん増やしていく。お題は物語の中に出てくるものであれば何でもよい。

(3) 本体ドラマ

　プレ・テキストに選んだ物語をいくつかの場面に分け，各場面の合間に課題としてさまざまなアクティビティを挿入する。「語り」のあるシーンと課題を交互に行う。

　各課題は，全員が参加できるようにする。すでに述べたように，物語は，進行役の「語り」と「ティーチャー・イン・ロール」による登場人物のせりふで構成される。

(4) 物語について覚書

　実際にアプライドドラマをするために物語の背景，プレ・テキスト化のプロセスなどについて記録しておくとよい。
　例えば，次のような覚書が考えられる。
・なぜ，物語がプレ・テキストとして選択され，つくられたのか。
・物語に含まれている隠喩，シンボル，象徴など。
・参加者たちに問いかける質問等。
・参加者たちに考えてほしいこと。
・どの課題を使うと，どのように教育に役立つのか。
　これらの覚書，プラン，メモなども含めてアプライドドラマ専用のノートにドラマ活動をするたびに書き加えていく。これらは，進行役のプレ・テキスト作成記録として残すことができる。さらに，

参加者たちに物語に含まれる真実，事実，背景などを説明するときに役立てることができる。そうすることで，アプライドドラマに深さと豊かさが加味されていく。

第3章

学校教育で
アプライドドラマを活用する

　　　3章では，学校現場でアプライドドラマを行う方法を示していく。
　初めに，教科書や課題図書など，身近にある物語を使ってアプライドドラマをつくる方法と，具体的な実践方法を解説する。
　続いて，活動事例として，7本のプレ・テキストを紹介する。アプライドドラマをどのように導入し，授業に生かしていくかの手がかりにしてほしい。

学校現場で
アプライドドラマを行う方法

プレ・テキストを行うにあたって

　アプライドドラマを限られた時間内で効果的に利用するために，学級での活用方法と目標をいくつかあげる。各学級の子どもたちの実態や，実践者自身の進行のしやすさなどに合わせて，プレ・テキストを自分流にアレンジしていくとよい。プレ・テキストのなかのすべての課題を行う必要はない。課題をいくつか精選したり，物語の途中まで進行し，その続きは宿題として子どもたちに創作させたり，「この物語の結末は……ですが，皆さんはどのように思いますか」と簡潔に物語の全体を伝えたりするなど，実践する子どもの状況や授業時間に合わせて臨機応変に実践する。

　また，各学級の子どもたちに合わせて新しい課題を加えてもよい。

①事前に考えておくこと

・学習目的や参加者に考えさせたい「大きなテーマ」を考える（物語を選んでからでもよい）。
・共同作業を楽しんで行えるよう，子どもたちが興味をもてる題材を選ぶ。
・アプライドドラマでは，子どもたちが，受けるだけの授業から積極的に参加できる授業へと導く必要がある。教師が学級の子どもたちに考えてもらいたいこと，選択や決断をせまる質問や，積極的に参加できるような課題等を用意する。
・教師も子どもたちも，お互いの意見を聞き，コミュニケーションすることがドラマの進行の中核になる。全体の実践時間，子どもたちが自由に動ける実践場所を用意する。
・学級全員が何らかの形でドラマに参加できるようにしておく（必要があればプレ・テキストのストーリーを変更する）。また，グループごとに，劇をつくる課題を随所に織り込み，役を交代しながら全員が体験できるようにする。
・物語に合った音楽（BGM）や，ティーチャー・イン・ロール（TiR）

で役を示すのに使用できそうな小道具などを，あらかじめそろえておく。

②活動の中に加えること

・小グループをつくり，子どもたちの間で話し合いの場をつくる。教師は話し合うことが楽しいと感じられるように介入する。
・子どもたちが，発表し合えるグループワークをいくつか行う。教師は，子どもたちが人前で自分の思うことを恥ずかしがらずに表現できるように介入する。
・子どもたちの想像力を最大限に発揮できる場をつくる。想像力を養う手段として，絵を描く，音楽や歌を使う，踊りや体の動きを使う，文章や詩を書く，言葉で表現するなどの「アプライドドラマ手法」を課題に加えるとよい。

③実践の際に気を配ること

> ティーチャー・イン・ロールについては，P.49参照

・教師は，進行役とナレーション，TiRの3つの役割を果たす。TiRについては，あらかじめイメージや練習をしておくとよい。この手法を使うと短時間で，子どもたちに物語をわかりやすく紹介できる。
・子どもたち自身が課題に積極的に挑み，決定できるような雰囲気をつくる。とくに，状況を劇にしたり考えたりする過程で，子どもたちが日常生活と物語の内容とを重複させていろいろなことを感じ，多くのことを体験できるように進める。
・子どもたちの想像力や思いを最大限に引き出すよう，「進行役」として子どもたちをサポートし，皆がドラマ活動を楽しく行えるように導く。

> Pre-text 01

桃太郎
Momotaro

このプレ・テキストで学べる要素

大きなテーマ
- 協力，チームワーク
- 共同作業，集団作業
- 自立について
- 約束について
- 冒険に伴うリスクについて

社会的スキル
- 共同の作業ができる。
- 話し合いを避けず，積極的に参加できる。
- 発達段階に合った自分なりの「自立」を考え，実行するよう努力する（例：1人で寝る，自分で洋服を着るなど）。
- 自分の意見をもち，相手に伝えたり，人前で発表したりすることができる。
- ほかの人の意見を聞いて，自分の意見を考え直したり，取り入れたりすることができる。
- リスクについて考え，周りの忠告を聞いて行動に取り入れることができる。

ドラマ／演劇的スキル
- 物語のなかの出来事が，日常生活で起こる出来事と類似していることに気づく。
- フィジカルシアターなどで，実際に形づくったり動いたりすることで，体感的な理解・気づきを得る。
- 言葉だけでなく，身体などさまざまな方法を使って，自分の意見を伝えたり表現したりできる。
- 登場人物について考え，役になり，その役の立場や気持ちになって発言や行動を演じてみることで自他理解を深められる。
- グループの友達と学び合うことができる。
- 学級全体で物語の行方を想像し，自分たちで続きや結末を展開していく。

このプレ・テキストのあらすじ

　昔々ある村で，1人暮らしをしているおばあさんがいました。おばあさんはある日，川に流れてきた桃を拾いました。その中からは男の子が生まれました。桃から生まれた「桃太郎」は，とまどいながらも村人に受け入れられ，成長していきます。

　成長した桃太郎は，村に富をもたらす竜を探しに旅立つことを決意します。「1年後に必ず帰ってくる」とおばあさんに約束し，旅立った桃太郎は，行く先々でさまざまな体験をします。

　とうとう，知恵のある竜の館にたどり着いた桃太郎は，そこで楽しく働きます。1年が経ち，竜たちに「約束だから帰りたい」と告げますが，竜たちは「あと3年ここにいたら，村に富をもたらしてもよい」と答えます。そして，桃太郎は悩み，自分自身とおばあさんをはじめ村人のために選択し決断します。

プレ・テキストの構成とねらい

コントラクト			原作に出てくる登場人物が変わること。柔軟性をもって物語に参加すること。
事前エクササイズ			変身ゲーム：物語のイメージをつかみ，心と体，頭のウォーミングアップをする。
本体ドラマ	シーン1	課題1	質問 時代背景を考えて，役づくりを行う。役づくりを通じて物語の状況や内容をより深く考え，理解する。
		課題2	ペアワーク フィジカルシアターの手法を用いて物語を象徴するものを体で表現する。共同作業と考察力を養う。
	シーン2	課題3	話し合い 日本の伝統的な遊びを考え，現代の遊びと昔の遊びの違いを比較する。
	シーン3	課題4	ペアワークと即興対話 自分の言葉で対話を行う。瞬発力と即興性を養い，積極的にコミュニケーションをとることができる。
	シーン4	課題5	話し合いと発表 登場人物を通じて親が子どもを心配する気持ちを考える。自分の親子関係などについても考える。
		課題6	共同で絵を描く 描くという手段を通じて，ふだん言葉にできないことでも表現できる。想像力と協調性を養い，表現力を高める。
	シーン5	課題7	グループワーク 最悪の状態を考え劇にする。ドラマならではの想像を楽しみ，世界のさまざまな問題に目を向け，自分の視野を広げる。

		課題8	演じる 想像を劇にしたものを人前で演じる。「ドラマ内での問題解決法」を，実生活でも使うことができる。
	シーン6	課題9	質問 知識をもつこと，賢くなることの利点を考える。
	シーン7	課題10	即興芝居 同じ質問に対して，いろいろな答えが返ってくることを体験する。
	シーン8	課題11	選択と決断 登場人物の選択を，自分の問題として捉え，決断する。自己主張する練習をする。
		課題12	試行錯誤のトンネル 周りの人が自分とは違う意見をもつことを知る。他人の意見を聞く耳をもつ。
		課題13	心に残ったこと 物語全体を振り返り，印象に残ったことを確認することで，自分が心に刻んだことや教訓を確認する。同じ物語でもそれぞれ感じ方が違うことを知る。

コントラクト

> !Point 68ページ参照
>
> 桃太郎という皆が知っている話をします。ただ，このお話には，おじいさんやサルや犬，キジは出てきません。そして，桃太郎は鬼が島に行くのではなく竜の館に行きます。このように物語を変えた理由は登場人物を減らして内容を簡潔にし，考える焦点を桃太郎とおばあさんにしぼるためです。

事前エクササイズ

変身ゲーム

①全員，教室の中を自由に歩き回る。

②進行役が「3人で桜の木から花びらが落ちるところ」と言ったら，近くにいる人3人でグループをつくり，その様子をフィジカルシアターでつくる。

③進行役が合図をしたら，またばらばらになって部屋を歩き回る。

④同様に進行役がお題を出し，グループで表現する。「5人でお城の門」「8人で竜」など，グループになる人数をだんだん増やしていく。お題は物語の中に出てくるものであれば何でもよい。

フィジカルシアター
体全体を使って与えられた課題の形を表現し，動きを加える手法（P.180参照）

本体ドラマ

◆進行役の役割

・ドラマ進行

・ナレーション（Nと略）
・ティーチャー・イン・ロール（TiRと略）：桃太郎，おばあさん，竜（3役）

◆**準備物**
・日本の田舎町をイメージできる音楽（リズミカルなもの）
・CDプレイヤー等
・模造紙（5～6枚）
・カラーペン
・1m×1m程度の布（TiR時に，桃太郎を示すために肩にかける）

◆**その他の課題の準備**
・課題3：昔の遊びについて，事前に調べ，掲示物等にまとめておく。

シーン1（5～8分）

> N 昔々，日本がまだ現在のように近代化される前のお話です。洗濯機や電子レンジもなく，村々は多くの山や森や谷に囲まれ，水のきれいな川があちらこちらに流れていました。ある河原で，貧乏な村に住むおばあさんが洗濯をしていました。
> すると，川上から大きな桃が流れてきました。

課題1　質問
①おばあさんの詳しい人物設定を決めるために，進行役が質問する。「おばあさんはいくつだと思いますか？」「何という名前でしょうか？」「どんな着物を着ているのでしょうか？」など，参加者に意見を聞く。
②参加者から出た意見の中から，おばあさんの年齢や名前，着ている着物などの設定を決める。
③参加者は，設定に基づいて，おばあさんの様子を考える。進行役が，「おばあさんはどんなふうに洗濯をしているのでしょうか？」と聞く。
④進行役に指名された参加者は，前に出て，おばあさんがどのように洗濯をしているか，考えた動作をして見せる。

課題2　ペアワーク
①2人組になる。
②すべてのペアが同時に，桃が川上から流れてくる様子をフィジカルシアターで表現する。全員同時に行うスペースがない場合は，何組ずつか順番に行う。

シーン2（1～3分）

TiR：架空の桃を河原に引き上げ，布を広げて包む	N	なんて大きな桃でしょう。おばあさんは桃を川からすくい上げました。
TiR：布を桃から飛び出してきた赤ん坊に見立てて抱き上げる	N	桃からは，とてもよいにおいがしていました。おばあさんは桃を急いで家に持ち帰り，包丁で切ろうとしました。そのときです。桃が2つに割れて，中から男の赤ん坊が飛び出しました。
TiR：布を縦に80cmほどの高さに持って垂らし，桃太郎を表す	N	おばあさんは，この男の子に「桃太郎」という名前をつけ，かわいがって大切に育てました。桃太郎はすくすくと成長して，3歳になりました。
TiR：布を縦に1mほどの高さに持って垂らし，桃太郎を表す	N	木登りや凧揚げが大好きで，近所の子どもたちと元気に遊びます。桃太郎は6歳になりました。
進行役：桃太郎は参加者と同じ年齢にする。または参加者に聞いて年齢を決める TiR：布を自分の肩にかけて桃太郎役となり，胸をはる	N	本を読んだり，字を書いたりできるようになりました。そして，桃太郎は●歳になりました。おばあさんをよく手伝う，勉強熱心なとてもよい子です。

課題3　話し合い

①進行役は「桃太郎が育ったのは，貧乏な村でしたから，自分たちで遊びを見つけなくてはなりません。さて，桃太郎はどんな遊びをするのが好きだったのでしょうか？」と投げかけ，桃太郎がどのように暮らしていたのかを考えさせる。

②これまでの設定をもとに，当時の遊びについて，参加者全員で自由に話し合わせる。アイデアが出たようだったら，「近くにいる人5～6人でグループになって，その遊びを実際に表現してください」と言う。いくつかのグループに発表させる。

③進行役はあらかじめ調べておいた昔の遊び（輪投げ，石けり，お手玉など）を紹介する。

シーン3（2～3分）

N	桃太郎が●歳になったある日，おばあさんに言いました。
桃太郎	「僕は，山に住んでいる竜に会いに行きたい。その竜たちは人々に幸福をもたらす，賢くて，優しい生き物だそうだ。そして宝物やお金をたくさん持っているらしい。僕はそこで働いて，この村のためにお金を分けてもらい，皆の暮らしをよくしたいんだ。そして，おばあさんを幸せにしてあげたい。だから，竜に会いに行ってもいいよね？」

課題4　ペアワークと即興対話

①2人組になり，おばあさん役と，桃太郎役を決める。

②桃太郎役は，おばあさん役に，竜に会うために出かけてもよいかを尋ねる。どうして竜に会いに行きたいのか，その理由を説明し，気持ちを伝える。おばあさん役は桃太郎を止めようとする。

③すべてのペアが同時に，即興対話を始める。

④進行役は，各ペアの対話がだいたい終了したら止める。

⑤参加者全体を2つに分け，半分ずつ，いまの対話をもう一度繰り返し，互いに聞き合う。

シーン4（3～5分）

N	おばあさんは，桃太郎のことが心配で行かせたくありませんでしたが，桃太郎があまりに熱心に頼むので聞き入れることにしました。しかし，竜が住んでいる山はとても遠く，朝から晩まで何日も歩いていかなくてはなりません。そのうえ，優しくて，よい竜だといっても，桃太郎を働きにいかせて安全なのかどうかもわかりません。そこでおばあさんは，「必ず，1年後の今日までには帰ってくるように」と約束をさせました。
桃太郎	「おばあさん，僕は必ず1年後にここに帰ってきます。だから元気で待っていてください」
N	桃太郎は次の日の朝，そう言って元気に旅立ちました。

課題5　話し合いと発表

①おばあさんの心情を考えさせる。進行役は「おばあさんはどんなことが心配で桃太郎を行かせたくなかったのでしょうか？　また桃太郎は旅立つことに心配はなかったのでしょうか？」と質問する。

②参加者は5～6人のグループに分かれて数分話し合う。

③グループごとに，まとまった答えを全体に発表し，聞き合う。

シーン4の続き（5～8分）

N	桃太郎はまだ見ぬ竜たちに会うことを楽しみに，竜のことをあれこれ想像しました。どんな竜がいるのか，考えただけでわくわくしてきます。

課題6　共同で絵を描く：1頭の竜

①5～6人のグループになる。

②進行役は，「桃太郎が会いに行くのは，すばらしくよい竜です。どのようにすばらしいのかを絵に描いてみましょう。竜には名前をつけ，横に性格や特徴も書き込んでください」と課題を伝える。

③グループで協力して，模造紙に1頭の竜を描く。なるべく短時間で仕上げるように促す。

④時間になったら出来上がっていなくても描くのをやめ，各グループの絵を回収する。この絵はシーン6で使用する。

シーン5（10〜15分）

TiR：目標に向かって，希望に満ちあふれて歩く桃太郎の様子を，足踏みして表現する	N　桃太郎は遠くかなたにそびえる山々に向かって歩き始めました。 何日も歩き続けて，やっと竜が住んでいるという山のふもとにたどり着きました。そこには高い山がそびえたっています。 竜の館まではもう少しだと思いながら歩いていくと，山に入ってすぐのところに小さな村があり，驚くべき光景が広がっていました。桃太郎は思わず足を止めました。 その村は桃太郎の育った村よりももっと貧しく，見たことがないほど荒れ果てていたのです。村人たちは困り果て，わらにもすがりたい様子で桃太郎に助けを求めてきました。「この村人たちを何とか助けなくては」と桃太郎は考えるのでした。

課題7　グループワーク：グループで状況を考える

①進行役は，「桃太郎が見た『見たことがないほど荒れ果てた状況』とはどんな状況なのでしょうか？　この村で困っていることは何でしょうか？」と参加者に質問する。

②参加者全体を3つのグループに分け，各グループはそれぞれ違う村の村人役になる。また，グループに1人，桃太郎役を決める。

③各グループは，村人たちが何に困っているのか，その状況を考えて話し合い，「桃太郎が訪れた場面」を1〜2分の短い劇にする。

課題8　演じる：グループで状況を演じる

①課題7でつくった劇を，1グループずつ全員の前で演じる。

②進行役は，残りのグループに，いま見た問題は，どうしたら解決できるのか意見を聞く。思いついた人から自由に意見を出す（時間があれば，解決策を短い劇にして発表する）。

例1：村には，雨がまったく降らずに作物が育たず，村人たちが皆おなかをすかせている。

（解決策）皆に雨乞いの踊りを教えて雨を降らせる。

例2：村には，病気がはやって医者までも病気になってしまった。

（解決策）隣の村に桃太郎が行って薬を分けてもらい，医者を連れてくる。

シーン6（1〜2分）

進行役：課題6で描いた竜を1枚ずつ全員に見せる。それぞれの竜の性格や特徴も読み上げて紹介する

> N　桃太郎はついに念願の竜の館に到着しました。そこには桃太郎が想像していたとおりのいろいろな竜たちがいました。
>
> 桃太郎は，毎日竜の体を洗ったり，ご飯を作ったり，子どもの竜と遊んだりしました。賢こい竜たちは桃太郎が知らないいろいろなことを教えてくれます。時間の経つのを忘れるほど，本当に楽しい毎日でした。

課題9　質問

①桃太郎が竜の館でどのような生活をしていたかを考える。進行役は，「賢こい竜たちはどんなことを知っていて，桃太郎に教えてくれたのでしょうか？」と質問する。

②参加者は自由に意見を発表する。課題6のときのグループに分かれ，進行役はグループごとに描いた絵を配る。グループごとにこれまで出た意見を模造紙に描いた竜の横に書き加える。

シーン7（3〜5分）

> N　月日はあっという間に過ぎて，1年が経ちました。おばあさんとの約束を守るためには，明日ここを出発しなければいけません。
>
> 竜の館はとても居心地がよく，桃太郎はもう少し長くいたい気がしました。でも大好きなおばあさんのところに，お金を持って帰りたい。とても複雑な気持ちでした。
>
> 竜たちは，桃太郎が明日出発するつもりとは知りません。桃太郎は，村人を助けるためのお金を分けてくださいと，竜に頼みに行こうと思いました。

課題10　即興芝居

①進行役は竜役になる。参加者は，課題6で竜を描いたグループになり，1人桃太郎役を決める。

②参加者の桃太郎役は，「僕は明日，おばあさんの家に帰らなければいけないんだ。村を助けるためにお金を少し分けてもらえないかな？」と竜（進行役）に尋ねる。

③進行役は，それぞれのグループの竜の絵を持って答える。グループごとに，違う返答をする。グループごとに違う答えであれば，内容は何でもよい。命令などを加えてもかまわない。これらの答えは，次の課題で，参加者が「選択と決断」をする材料になる。

竜の答え例1：「おばあさんとの約束があるのか？　お金のことは考えなくてはいけない。明日までに決めておくよ」

竜の答え例2：「僕1人では決められないから，皆で話し合ってみるよ」

竜の答え例3:「明日帰るなんて知らなかったよ。もう少し，いられないの？」

シーン8（1～2分）

> N　竜たちは皆で集まって話し合いました。「明日，桃太郎は家に帰らなければいけないらしいけど，どうしたらよいだろうか？」
>
> 「せっかく友達になった桃太郎を帰したくない」と，ある竜が言いました。別の竜は「桃太郎は本当によく働くよい子どもだ。ここにいてほしい」と言いました。「桃太郎が体を洗ってくれるのは最高に気持ちがいい」と言う竜もいます。
>
> 次の日の朝，桃太郎は竜に呼ばれました。行ってみると，竜はこう言います。
>
> 「僕たちは君のことが好きだから，もうしばらく，ここで一緒に暮らしてもらいたい。あと3年私たちと一緒にいてくれたら，お金をあげましょう」
>
> 桃太郎は自分がどうしたらいいのかわかりませんでした。おばあさんとの約束は守りたいけれど，あと3年，竜とここで楽しく暮らせば，村のためにお金をもらうことができるのです。
>
> さあ，どうしましょう？

課題11　選択と決断

①教室の中央に線を引く（実際に書かなくても，どこが線かが明示できればよい）。

②進行役は「桃太郎は，あと3年間竜の館で働き，お金をもらってから帰ったほうがよいと思いますか？　それとも明日，おばあさんのところに帰ったほうがよいと思いますか？」と質問する。

③「竜と住む」という意見の人は線より右側に，「家に帰る」という意見の人は左側に移動する。中央に近いほど「どちらとも言えない」気持ちが強く，両端に行くほど，どちらかの気持ちが強くなる。ただし，中央（線上）に立ってはならない。「あえてどちらかと言えば」で立場を明確にする。

④参加者は，それぞれ，自分の意見に近いと思う位置に立つ。

⑤進行役は，両側の参加者に「なぜ，その位置だと考えたのか」，それぞれの意見を聞く。

Point 69ページ参照

課題12　試行錯誤のトンネル

①進行役は桃太郎役になり，「僕はいったいどうしたらいいんだろうか？　皆さん，僕にアドバイスをください。僕はいまから長いトンネルを通ります。そこは不思議なトンネルで，僕が通り過ぎるときに，おばあさんのところに帰るべきか，竜の館に残るべきか，どうしたらいいの

かを語りかけてくれるんです」と言う。

②参加者全員が2列に並び,向かいの人と手をつないで上に上げ,トンネルをつくる。進行役は桃太郎として,「僕が前を通るときにどうぞ,アドバイスをひと言ずつください」と言う。

③進行役は,桃太郎としてそのトンネルの中をゆっくりと歩く。

④桃太郎役が自分の前に来たら,参加者は桃太郎がどうするべきか,各自桃太郎へのアドバイスを言う。

⑤桃太郎は,トンネルを抜け,参加者が言ったことを参考に決断する。

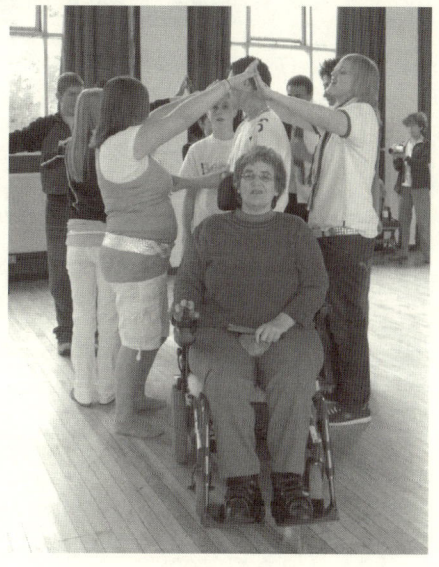

「試行錯誤のトンネル」

例:おばあさんとの約束を守って帰ります。しかし,竜と交渉をして3分の1のお金を分けてもらい,また翌年竜を訪ねる約束をします。

課題13 心に一番残ったこと

①進行役は,参加者に「この部屋のどの場所で演じた,どんなことが一番心に残っているか」を質問する。参加者は各自考える。

②進行役の合図で,参加者はその場所に移動して,印象に残った動作をする。何人かが同じ場所に重なってもよい。

例:教室の窓のそばで,よい竜のキャラクターを考え,皆で絵を描いたこと(移動して絵を描く動作をする)。

発展的活動

・時間があれば,この後の続きを皆で話し合ったり,考えたり,劇にしてもよい。

・参加者が,自分たちでこの後の桃太郎やおばあさんの生活について,アイデアを出し合い,創造しつづけることができるよう,進行役がサポートする。

この物語の 手引き と 背景 Momotaro Context

プレ・テキストの概要と成立の背景

　このプレ・テキストは日本の昔話を題材に，日本の教育現場にアプライドドラマを紹介するために作成したものである。まず，1999年に日本から視察にきた教育者から，日本の学生の実情を聞いて原案を作成した。これを翌年までの1年間，世界各国でいろいろなグループとワークショップを行い，何回も修正して完成させた。このプレ・テキストはドラマ教育者に好んで使われていて，現在では，著者のレパートリーのうち，最も多く活用される教材の一つとなっている。

　当時，著者にとって，日本の学生たちにアプライドドラマを理解してもらうことはチャレンジであった。アプライドドラマは，年齢や場所を問わずいろいろな人々が参加して行う活動である。活動で使われる元の物語は，参加者全員が，自分との何らかの接点を見いだせる内容のものでなければならない。日本でよく知られた物語を選択することにより時代背景や文化を説明する必要がなくなり，結果的に物語に込めたねらいを中心にプレ・テキストを作成することができた。

プレ・テキストにおける隠喩

　この物語のテーマは「探し求める」こと，生きていくために，つねに自分で道を切り開いていくことである。昔話の「桃太郎」は，勇気を象徴する話だと考えられる傾向がある。しかし著者は，この物語にそれ以外にもすばらしい象徴が隠されていると感じた。そこで，人が日常生活の中で求める「自由や名誉」に伴う「責任」や，本音と建前，親への感謝など，多くの日本人の参加者たちと共有できるテーマに焦点をあてた。

シーン1：参加者たちに強い印象を与えるように，情景説明と設定を追加した。夫を亡くしたおばあさんのもとへ，桜の時期に現れる桃太郎という設定にした。桃太郎とおばあさんの関係，生前の夫婦関係，長い間子どもが欲しかった心情など，命の大切さや家族の絆について考えることを象徴とする。

シーン6：竜に会いに行くのは，自分の出生を知り「なぜこの世に命が授かったのか」という生命の大切さを象徴している。道中で遭遇する難問とその解決は，「勇気」「人助け」「協調性」などの要素を含む。

シーン7：竜の館から帰ろうとした桃太郎は重大な選択を迫られる。自分の希望を貫くか，おばあさんのところに帰るかという設問は，「選択」「決断」「過程」「思い出」について各自が考えるきっかけである。

実践のポイント

　このプレ・テキストは，時間をかけて行うと3時限程度必要になる。参加者の実態や状況に応じて課題を選んだり，課題の時間を短縮したりして実践できる。

コントラクト：昔話を使用すると，設定説明の必要がなくなるが，参加者の想像の範囲が狭められてしまう可能性がある。参加者が柔軟性をもって豊かな発想で物語に参加できるよう，「この

物語には，イヌやサルは登場しません」等と説明する。説明することで，参加者たちは，従来の昔話「桃太郎」の物語についての先入観を捨て，ドラマ活動に取り組むことが可能になる。

課題11：各自，左右に分かれるにはそれなりの考えと理由づけが必要である。また，決断の意思や理由を発表できることはとても重要である。進行役は，「どうしてそう考えたのか」をていねいに参加者たちから引き出す。また，多くの意見を聞いて考え直し，参加者の立ち位置を変えてもよい。進行役は，参加者が，より深く考え，よりよい答えを生み出せるように導く。

発展的活動

プレ・テキストの「桃太郎」は，出生がほかの子どもと異なる。この設定を生かし，いじめをテーマにした課題を織り込むことができる。

シーン2：5〜6人のグループをつくり，出生がはっきりわからない桃太郎をほかの子どもがいじめるというシーンを，各グループで演じる。そのあと進行役は，人をいじめるということはどんな気持ちかを全員に質問する。また，どうしたら仲よくできるか解決策も話し合う。

なお，本書に収録したプレ・テキストは，小学校低学年からでも実践できるよう，課題等をわかりやすくしたものである。次のように課題を変えてもよい。

シーン2：おばあさん（TiR）が桃太郎を抱えて村に駆け込み，村人（参加者全員）に，「子どもが授かった！」と訴えて回る。村人（参加者）たちは，それを聞いて，桃太郎がどこから来たのか，おばあさんに質問する。TiRは，質問にていねいに答え，村人が桃太郎を村の一員として受け入れてくれるように説得する。

課題9：桃太郎が向かったのは，竜の館ではなく，世界の理を知る仙人が住む寺院である。桃太郎は，寺院に入ると10年間外に出られない。おばあさんのもとへ帰るか，寺院に入るかを選択する。寺院は組織や集団の隠喩であり，そこに入るか，入らずに生きていくかを考える。

ワークショップ参加者の声

・自分にとってアプライドドラマは未体験の連続でした。参加しながらワクワクして，まるで「昔の日本の紙芝居」を待つ子どものような気分でした。どんなお話が始まるのか？これからどうなっていくのか？ すごくドキドキしながら参加していました。劇中の課題や一つ一つの体験をどれもはっきりと覚えています。例えば物語の途中でアレンが「おばあさんが赤ちゃんが桃の中から出てきたと皆に伝えたとき，村人たちは何て言ったんだろうか？」と私たちに問いかけますが，すぐに状況が思いつかなかったり，言葉にできなかったりする自分に驚きました。機転がきかないのです。むずかしい質問ではないのに人前で発表することに慣れていないのです。また，人の意見を聞くことによってお互いを豊かにできることを実感しました。（参加者・学生）

・少子化の進む日本で他者の気持ちに配慮できる人間を育てるのにこれほどいい方法，題材があるでしょうか。グローバル化を進める世界的風潮の中で他者との相互理解を深めるには他者や異文化への，心理的な抵抗，壁を取り払わなくてはできません。そのために相手の考えを垣間見る方法として，共同作業でお芝居をつくり上げることはなんてすばらしいことでしょう。日本での認知度が低いこの教育分野をできるだけ多くの人に知ってもらい実践してほしいです。（参加者・学生）

Pre-text 02 雪女
Yuki Onna

このプレ・テキストで学べる要素

大きなテーマ
- 秘密はもってもよいのか。
- 秘密をもったら沈黙するべきか。
- 約束は守るべきか。また，約束を破るとどうなるのか。
- さまざまな立場に立った，バランスのとれた見方とはどんなものか。
- 自己防御（社会の中傷から自分を守る・自分自身をしっかりともつ）とはどんなことか。
- 家族のきずなや思いやりについて。
- 1人で悩まずに，気持ちをだれかと分かち合うことは可能なのか。

社会的スキル
- 道徳心について考え，葛藤を伴う場面で決断が下せる。
- 教訓を生活に活用することができる。
- 活動を通して他者と相互理解をし，コミュニケーションを深める。
- ほかの人の前で，自分の意見をはっきりと述べることができる。
- 秘密厳守の概念を理解する。
- 人に言えない悩みや，相談事があるとき，その気持ちをコントロールできる。

ドラマ／演劇的スキル
- 対話やそれに伴う劇的な動きをつくることから，相手と会話することや自分を表現することを学ぶ。
- いろいろな役（登場人物）になってみることで，他人の存在を知り，気持ちを考える。
- 物語の続きを考える過程で，登場人物の構造上の問題を考える。
- 物語の結末を各自が考える。

このプレ・テキストのあらすじ

　昔，山奥の村に太郎と次郎という２人の若者が住んでいました。２人は春から秋までを山ですごし，村に戻る途中で大雪にあい，山小屋で一夜を明かすことになりました。そこへ雪女が現れ，次郎の魂を吸い取ってしまいました。太郎は雪女と会ったことを「だれにも言わない」と誓い，村に帰ります。

　１年後，太郎の家を旅の娘が一夜の宿を求めて訪ねてきました。太郎と娘は一緒になり，１０人の子どもに恵まれて，幸せな日々を送ります。

　ある晩，太郎は妻に雪女と会ったことを話してしまいますが，実は，妻はあのときの雪女だったのです。雪女は「今度こそだれにも話さないように」と約束させ，太郎の家を去ります。太郎は子どもたちと残されます。

プレ・テキストの構成とねらい

コントラクト	世界中に同様の物語があり，違いがあること。物語の内容や登場人物を参加者が変えていくこと。積極的に物語に参加してほしいこと。		
事前エクササイズ	静と動のゲーム：「アイス・イン・スタック」 氷の女王にタッチされると樹氷になる。		
本体ドラマ	シーン１	課題１ 課題２	登場人物の設定 ペアワーク，即興劇，発表 登場人物を通して，状況や役柄を設定し相互理解（人間関係，コミュニケーション）を考える。
	シーン２	課題３	質問と情報提供 主人公を通して道徳心と倫理的な見方を学ぶ。
	シーン３	課題４	決断 秘密，沈黙，約束について各自が考え，人前ではっきりと意見を表明する練習をする。
	シーン４	課題５	全員が役になる 自分を守ることと，人に言えない悩みや相談事をどう調整するかを考える。
	シーン５	課題６	質問と決断 なぜ秘密は守るべきなのかを考えることから，参加者の日常生活と結びつけ，家族内で秘密をもつことを考えるきっかけにする。
	シーン６	課題７	話し合い 家族の関係や意味，大切さについて考える。
	シーン７	課題８	質問，決断，話し合い 家庭内での約束事について考える。

	シーン8	課題9	質問 全員が役になることで,「子ども」がおかれた現実を考える。また「父親」は気持ちをだれかと分かち合うことはできないのかを考える。
		課題10	物語の続きをつくる 物語の結末を各自が考えることで,解決案やよりよい未来を築く方法を考える。
	シーン9	課題11	未来を予測する 10年,20年後の未来を考えることで,希望や目標をもって生きることの重要性に気づかせる。

コントラクト

具体例をあげるとよい（例：アンデルセンや外国の「雪の女王」は氷の魔女をイメージしたもので，子どもたちを凍らせてしまったりします）。

　「雪女」は日本に古くから伝わる民話です。この話と同じような題名の話は，世界中で語り継がれていて，「雪女」がもつイメージもそれぞれの国によって大きく違い，物語の内容も違います。これから，「雪女」のお話で劇をしていきますが，登場人物をおじいさんと若者から，太郎と次郎という2人の若者に変えます。お話に対するイメージを変えて，場面設定を考えてください。
　この物語はとてもシンプルですが，たくさんの教訓，投げかけや疑問を読者に提供しています。今日のドラマ活動では，グループで対話をつくる作業や，参加者同士で話し合いをする課題がたくさんあります。積極的に話し合いに参加し，自分の意見を言い，自分なりの決定をしてください。

事前エクササイズ

アイス・イン・スタック

　運動場や体育館などの広いスペースで行う。動ける範囲をあらかじめ決めておくとよい。
①氷の女王を1人決める。
②そのほかの人は，決められた範囲のなかを自由に逃げ回る。
③女王はほかの人を追いかけ，肩をたたく。女王に肩をたたかれた人はその場で樹氷になり，動けなくなる。たたかれた格好のまま凍りつく。
④逃げる人が数人になったらいったんゲームをやめ，氷の女王を2人にしてもう一度始める。
⑤最後は氷の女王を5人にして，全員が樹氷になるまで行う。

本体ドラマ

　物語を始める前に，参加者は2人組になり，車座に床に座る。

> パートナー・イン・ロール（P.50参照）（PiRと略）がいる場合，PiRが雪女を演じる。

◆進行役の役割
・ドラマ進行
・ナレーション（Nと略）
・ティーチャー・イン・ロール（TiRと略）：太郎，雪女，娘＝妻（3役）

◆準備物
・コートやジャケット（次郎に見立てる）
・女性用の白い長襦袢と手ぬぐい（雪女を象徴する）
・雪女をイメージする音楽CD（例：『「SAYURI」オリジナル・サウンドトラック』）
・ＣＤプレーヤー

シーン1（5～8分）

> TiR：進行役は太郎になり，ジャケットを次郎に見立てる。次郎に肩をかして歩いているように見せるために，ジャケットの袖を肩に乗せる

N　昔々の出来事です。山奥の村に住む，太郎と次郎という2人の若者が，雪どけを待って山へ出発しようとしていました。

　このお話はずっと語り継がれてきましたが，なぜこの2人が村を出ようとしていたのか，その理由はだれも知りません。どのような事情があったのかだれも知らないのです。ただ一つわかっていることは，2人とも，山に雪が降り出す前には戻ってくるつもりだったということでした。

課題1　登場人物の設定
①進行役は「2人の若者，太郎と次郎の特徴や関係を考えましょう」と質問する。参加者から出た意見をまとめて，黒板に書く。
例：太郎は色黒で，体が大きい。23歳。次郎は太郎の親友。小太りで優しい。

課題2　ペアワーク，即興劇，発表
①2人組で，「どうして2人の若者は村を出発しようとしていたのか」を考える。そして役を決めて，旅立つところの場面（1～2分程度の寸劇）をつくる。
例：宝物を探しに出かけた。
②参加者を半分に分ける。半分が2人組で同時に寸劇を演じ，残りの半分はそれを見る。
③進行役はそれぞれの2人組の「村を出発しようとしていた理由」を，ひと組ずつ聞いていき，そのことが見ている側に正確に伝わっていたかを確認する。
④交代して，残り半分の2人組も同様に演じ，見合う。
⑤いま演じたシーンに，自分たちのふだんの生活と重なったり共通したりするものがあるか，参加者各自に考えさせる。
⑥そのうえで，自分はどう思ったか，ふだんの生活と重なったり共通したりするものがあるという人は手をあげてもらい，進行役が指名して全員の前で言ってもらう。

シーン2（2〜3分） シーン1の再現

　　　　　　　　　　課題2で参加者がつくった内容を物語に取り入れながら，もう一度最初から物語を語る。TiRはナレーション以外に，太郎と次郎の役も声色などを変えて演じる。

	N	昔々の出来事です。山奥の村に住む，太郎と次郎という2人の若者が，雪どけを待って山へ出発しようとしていました。このお話はずっと語り継がれてきましたが，なぜこの2人が村を出ようとしていたのか，その理由はだれも知りません。
TiR：課題2でつくった内容をいくつか取り入れて紹介する		ある人は「……」と言い，またある人は「……」と言います。
！Point 82ページ参照		どのような事情があったのかだれも知らないのです。ただ一つわかっていることは，2人とも，山に雪が降り出す前には戻ってくるつもりだったということでした。
TiR：進行役は太郎に扮し，ジャケットを弱った次郎に見立てる。肩を貸すようにジャケットを抱え，いたわる	N	村を出て，山へ出発した2人が，どんなことをしてきたのかは，だれも知りません。わかっているのは，雪が降る前に戻るはずだった予定が，数日遅れてしまったことです。村まであと半日のところで大雪にあい，2人は足止めされてしまいました。その日は急に気温が下がりだし，あっという間に雪が積もってしまいました。寒さと疲れで，次郎の体はがたがたとふるえだしました。
		太郎は，「今夜ひと晩どこかでしのぎ，明日の朝，村に帰ろう」と次郎を励ましました。
TiR：扉をたたき，戸を開けて中に入り，抱えたジャケット（＝次郎）を床に横たえる動作をする		そして通りかかった山小屋の戸をたたきました。そっと戸を開けてみると，中にはだれもいる気配はありません。炭焼き小屋のような粗末な小屋でした。太郎は2人が横になれるように小屋の中を片づけ，そこにあった古いむしろを次郎にかけてやりました。そして自分も横になり，眠ったのでした。
		真夜中，太郎は寒気を感じて目を覚ましました。辺りに変わった様子はまったくなく，静まり返っています。次郎は隣で静かに寝息を立てています。しかし，空気は冷え切って氷のように冷たくなっていました。そのときです。山小屋の戸がゆっくりと開いて何者かが中に入ってきたのです。太郎は，戸がゆっくりと閉められるのを見ました。
TiR/PiR：雪女役になりナレーションに合わせて登場し，動く		入ってきたのは，雪のように色の白い，若い女の人でした。
		太郎はこれほど美しい女の人を見たことがありませんでした。女の人は次郎の横にひざまずくと，氷のように白い息を吹きかけ，次郎の魂を吸い取りました。太郎はあまりの恐ろしさに，動くこともできません。女の人は，太郎のほうに向きを変え，顔をのぞき込みました。太郎は，粉雪が小屋の中に吹き込んでくるのを見た気がしました。

> 雪女「たくましくて美しい若者……お前の魂を抜くことはできない。でもお聞き！ 私に会ったことをだれにも言ってはいけないよ。お前が生きているかぎり、だれにも言わないと誓いなさい!!」
>
> N 雪のように色白の女の人に，太郎は「自分が生きているかぎり，決してだれにも，何も言いません！」と誓ったのでした。
>
> 女の人は戸を開け，外に出ていきました。女の人がいなくなった途端，太郎はまた深い眠りに落ちたのでした。

課題3　質問と情報提供

①進行役は，参加者に下記の質問をして，できるだけ多くの意見を聞く。参加者から出た意見は，黒板に書いていく。

Q1「この女の人はだれなのでしょうか？」
Q2「この女の人はどこから来たのでしょうか？」
Q3「この女の人はどこに帰っていくのでしょうか？」
Q4「この女の人はこのような危害をいつも人々に与え，生まれてからずっとこのようなことをしているのでしょうか？」

!Point 82ページ参照
②意見がだいたい出たら，進行役は，「雪女」という物語はいろいろな国で語られていることを伝える。

シーン3（2～3分）

（参加者全員が村人となり，太郎の周りに集まってくる）

> N 翌朝，目を覚ました太郎は，次郎が氷のように冷たくなっていることに気がつきました。そして自分は生きていることをあらためて確認したのです。と同時に，昨夜の記憶がよみがえってきました。「雪女に会ったことをだれにも言わない」と誓ったことを。太郎はあわてて次郎のなきがらを担いで村に戻りました。村人たちが集まって床に横たわっている次郎のなきがらをのぞき込みます。
>
> 村人は太郎が無事に帰ってきたことを喜び，次郎が亡くなったことを悲しんで冥福を祈りました。山で暮らした間の様子を聞く村人たちの質問に太郎はていねいに答え，昨夜，次郎が山小屋で凍え死んでしまったことも話しました。そして，その夜，村人全員で次郎を葬ることにしました。

参加者全員が村人役になり，皆で次郎を埋葬する動作を数秒で行う

課題4　決断

①進行役は参加者に質問する。

「もしあなたが太郎だったら，次郎がなぜ死んだのかを村人たちに黙っていますか？　黙っているという人は教室の右側に，正直にありのままを話すという人は左側に集まってください」

②参加者はそれぞれの意見によって左右に分かれる。
③進行役は「なぜそう決断したのか」，理由をそれぞれの側の数人に聞く。

価値観にかかわる理由を聞き出せるとよい。決断を下すために考えなければならない，責任，約束，自然，死，欲などの価値観について，参加者と話し合う。

シーン4（3〜5分）

TiR：戸をたたく動作	N　それから1年経ちました。この日も朝から大雪が降っていました。村のはずれにある太郎の家を，旅姿の若い娘が訪れました。
	太郎「こんな時間にだれだ？」
TiR：参加者から娘役をつのり，長襦袢をはおってナレーションどおりに動いてもらう。PiRがいる場合は，PiRが娘を演じる	N　太郎が外に出てみると娘が1人，寒さにふるえながら立っていました。
頼むしぐさは参加者が行い，せりふは進行役が声色を変えて言う	娘「旅の者ですが，道に迷って困っております。どうぞ今夜ひと晩泊めていただけないでしょうか」
	N　太郎は娘を中に入れて，旅の疲れが取れるまでゆっくりしていくようにすすめました。太郎は美しい娘がひと目で好きになりました。そして，元気になるまで3日間過ごした娘に，結婚を申し込みました。こうして2人はめでたく結ばれました。 それからというもの，太郎の生活は一変し，運が回ってきたように幸せな日々が続きました。すぐに子どもを授かり，2番目の子どももできました。そして3人目，4人目，5人目，6人目と次々に子どもが生まれ，10人もの子どもに恵まれて，2人ともとても喜びました。娘は子どもの面倒をよく見る優しいお母さんになり，若者のよき妻になりました。10人の子どもたちと暮らす幸せな日々が続きます。 しかし，不思議なことに，妻は年が経つにつれてますます美しくなります。すきとおるような白い肌は若いころと変わらず，目もきらきらと輝いて，生活の疲れも感じさせません。村人たちには，いつもうらやましがられていました。 村人たちはよく「毎日10人の子育てや炊事をしているのに，あんたはどうして若いままなんだね」と聞きました。太郎の妻はいつもこう言うのです……。

課題5　全員が役になる

①進行役は，次の質問をする。
「毎日10人の子育てや炊事をしているのに，太郎の妻はどうして若いままなのでしょうか？　どうも普通の人間とは何かが違うような気が

します」
②参加者を自分の周りに集め，妻として答えさせる。テンポよく次々に指していく。
例1：「すると『妻』はいつもこう言います」
　A：「特別なクリームを使っているからです」
例2：「すると『妻』はいつもこう言います」
　B：「いつも美容体操をしているからです」

シーン5（3〜5分）

	N	とは言うものの，2人はとても幸せな夫婦で，子どもたち10人もすくすくと育っていきました。 ある晩，妻はいつものように子どもを寝かしつけて，いろりの側に戻ってきました。太郎は一日の仕事を終え，いつもどおり，いろりばたでくつろいでいます。妻は隣に座って縫いものを始めました。外は大雪になり，辺りは静まり返っています。
TiR：太郎役になり，妻の顔をじっと見て，10年前を思い出す動作	太郎	「あの日もたしか今晩のように，静かに雪が積もっていたな。もう10年以上経つんだなぁ。あの日から……。こうやってお前の顔を見ていると遠い昔に見た女のことを思い出す。本当に似ているんだ，お前に」
	N	妻は縫いものの手を止めて，太郎の顔を見ます。そしてこう言いました。
	妻	「どうしたんです，夢でも見たんですか」
TiRのみで行う場合は，最初は太郎（男性）の口調だったのが，だんだんと妻（雪女）の口調に変わっていくように，せりふの途中で口調を変える。PiRが妻（雪女）を演じている場合は，TiRが妻のせりふをいうより先に，PiRが妻のせりふを言い，太郎が言うより先に妻がせりふを言っている（雪女が何を言ったか知っている）ように見せる	太郎	「私は，その年，次郎という仲間と山で暮らしていた。山を下りてきたその日，大雪で足止めをされ，私たちは山小屋に泊まった。次郎は疲れと寒さですごく弱っていたんだ。私は次郎を寝かせてむしろをかけて暖めてやった。そして眠ったんだ。……だが，真夜中に戸が開いて美しい女が中に入ってきた。そして次郎の側に行って魂を吸い取った。信じられないだろうけど本当なんだよ。 それから私のところに来て，『たくましくて美しい若者……お前の魂を抜くことはできない。でもお聞き！　私に会ったことをだれにも言ってはいけないよ。お前が生きているかぎりだれにも言わないと誓いなさい!!』」
	N	この瞬間，太郎は「妻」があのときの女であることを悟りました。そして，あの約束を破ってしまったことにも気づいたのでした。

課題6　質問と決断

①進行役は次の質問をする。
　「誓いや約束をするとき，それを一生守りますか？　それとも時間が経つにつれて変わりますか？　一生守るという人は教室の右側に，時間

77

とともに忘れてしまうという人は左側に移動し，集まってください」
② 参加者は，それぞれ自分の意見にそって左右に移動する。
③ 進行役は，参加者に次の質問をする。「なぜそうすると思うのでしょうか？」左右の参加者の意見をそれぞれ聞き，その意見を聞いて考え直す人は移動してよい。
④ 進行役は，参加者に次の質問をする。
「太郎はどうして『妻』にしゃべってしまったのでしょう。10年経っているから約束を破っても許されるのでしょうか」
⑤ 参加者は，それぞれの立ち位置の近くの人と，自分はどう思うか，どうしてそう思ったのか，意見を交換し合う。

シーン6（2～3分）

| TiR：襦袢をはおり，雪女役になる | N | 「妻」はゆっくりと立ち上がりました。何も言わずに子どもたちが寝ている寝室に歩いていきます。あまりの驚きに，太郎は動くこともできず，何と言ったらよいのかもわかりません。 |

課題7　話し合い
① 進行役は，「子どもたちは寝入っています。『妻』は一体何をするのでしょうか。2人組で，30秒で意見を交換して，自分はどう思うか話し合いましょう」と参加者に指示する。
② いくつかの2人組を指名し，どんな意見が出たかを聞く。

シーン7（2～3分）

TiR：雪女役になり，ナレーションに合わせて動く	N	子どもたちは皆やすやすと寝息を立てて寝ています。「妻」は子どもたち一人一人に布団をかけ，優しく頭をなでます。そして静かにふすまを閉め，太郎を振り返りました。
	妻	「あとをお願いしますね。子どもたちの面倒を見てやってください。私が何者で，何をしたか，子どもたちには絶対に言わないでください。そしてほかのだれにも言わないって約束してくださいね。今度こそは守ってください。約束ですよ」
	N	そう言い残すと，「妻」は外に出て，雪の結晶となって空に消えてしまいました。

課題8　質問，決断，話し合い
① 進行役は，約束に関して参加者に再度質問する。
「太郎が『妻』とした今度の誓いを，皆さんだったら一生守りますか？　それともまた時間が経つにつれて変わるのでしょうか？　一生守るという人は右側に，時間とともに忘れてしまうという人は左側に移動してください」
② 参加者は，それぞれの意見にしたがって，左右に分かれる。

③進行役は,「なぜそうするのか」,左右の意見をそれぞれ聞く。意見を聞いて考え直す人は移動してよい。
④今回の条件には,課題4と5の質問と異なり,家族との約束と,子どもを守るという責任が加わっていることを,参加者と確認し合う。この場合,約束の重みは変わるのか,変わるならそれはなぜかについても話し合う。

シーン8（10～15分）

> N　太郎は子どもたちのかわいい寝顔を確認して,台所にへたへたと座り込んでしまいました。「これからどうしたらいいのだろうか？」と途方にくれます。翌朝になって子どもたちが1人,また1人と起きてきました。そして太郎に聞きます。
>
> 子どもたち「お母さんはどこ？」
>
> N　「妻」が去ったあと,太郎は楽しかった10年間のことを思い出しています。どうしてこんなことになってしまったのだろうか,と自分を責めるのでした。

課題9　質問：子どもの立場に立った質問から役の心情を考える

①10人（7人以上）のグループをつくり,丸くなって座る。
②10人のうち,1人が父親役になり,真ん中にいすを置いて座る。
③残りの9人は,子ども役になり,父親役に質問する。
例：「お母さんはどこ？」「朝からいないけど,買い物に行ったの？」
④子ども役は思ったことを何でも父親役に質問できる。その一つ一つの質問に父親は即興で答えていく。
⑤1分程度で終了し父親役を交代する。時間内で,できるだけ多くの参加者が父親役を体験できるようにする。

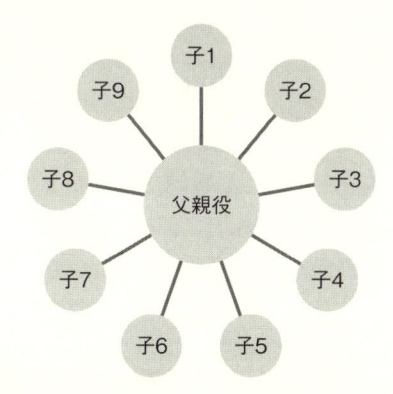

課題10　物語の続きをつくる

①参加者は,「子どもたちや太郎はどのように考え,どんなことを感じているか」を話し合う。

②このあと、太郎や子どもたちはどうなったのかを考え、物語の続きをつくる。寸劇は1～2分程度のものでよい。
③寸劇ができたら、1グループずつ全員の前で発表する。

シーン9（1～2分）

TiR：ここで、課題10の内容を物語に取り入れる	N　そのあとこの家族はどうなったのでしょうか？　ある人は「……」と言いますし、ある人は「……」と言います。またある人は「……」と言っています。 N　しかし、実際に子どもたちがどうなったのか、太郎がどうしたのか、はっきりしたことはわかりません。なぜなら、これは昔々のお話で、長い月日の間にいろいろな人に語り継がれて、結末がわからなくなってしまったのです。だから結末はいつも皆の心の中に存在するのです。

課題11　発展的活動：未来を予測する

　時間がある場合、その後の物語をつくってみる。例えば「10年後、20年後に太郎はどうなったのか」「子どもたちの両親に対する考えがどのように変わったのか」「雪女はどうなったのか」など、5～6人のグループに分かれて続きをつくって演じてみる。この課題は宿題にして、作文などに書かせてもよい。

この物語の 手引き と 背景
Yuki Onna Context

🏷 プレ・テキストの概要と背景

　このプレ・テキストは，日本の昔話「雪女」をもとに，アプライドドラマ用に作成したものである。「雪女」に似た話は，ヨーロッパでは「氷の女」「スノー・レディ」という題名で知られている。昔話ではないが，アンデルセンの童話の「雪の女王」は「雪女」に類似した創作童話である。このようにさまざまな国の昔話や創作童話にえがかれている文化や風習から，それぞれの国と地域の違いなどを知ることができる。

　日本の昔話「雪女」の各シーンをふくらませ，アプライドドラマのプレ・テキストとして使えるように，新しい独自の描写を加えた。また，登場人物が決断する課題を多く取り入れることで，日常生活において話題にすることを避けられがちな内容を取り上げ，参加者たちに考える機会を提供した。具体的なテーマでいえば，親の離婚，家族の別離，きずな，責任，約束の大切さなどである。これらのテーマについて，日本の子どもたちが積極的に語り合えるように課題を設定した。例えば，課題9では，「ホット・シーティング」というコンベンションを使うことで，子どもや父親として質問したり，答えたり，感情を表現したりなど，ドラマ活動の中でおたがいに意見を出し合うことができる。「ホット・シーティング」というコンベンションは，参加者全員がプレ・テキストの物語中の登場人物について，協力して役づくりをする体験ができる。

🏷 プレ・テキストにおける隠喩

人間関係：参加者が日常生活で実際に求められる人間関係が，さまざまな相互関係においてプレ・テキストに登場する。太郎と次郎（友人関係），村人たちと太郎（コミュニティと個人），妻（母親）と子どもたち（母子関係），太郎（父親）と子どもたち（父子関係）などである。これらを通して，参加者たちは，現実社会でのコミュニケーションの大切さについて考える機会を得る。

太郎と雪女の「約束」：太郎と雪女の間に交わされる約束は，社会や家族内での秘密や約束事を象徴している。これをきっかけに，保身あるいは自己防衛，約束を破ったときの危険性について考えることができる。参加者はプレ・テキストを通して，約束を破られた雪女が，夫と離別したり，子どもたちを虐待したりする可能性について考える機会を得る。

シーン1：登場人物を老人と若者から，2人の若者に変更したのは，行動の可能性を広げるためである。また「なぜこの2人が村を出ようとしていたのか，どのような事情があったのかだれも知らない」というせりふを加えることで，参加者たちがその状況を想像でき，自由に設定することができる。

シーン3：太郎は無事に，次郎はなきがらとなって村に帰ってくる。このような状況は，人生において避けることができない現実が存在するという隠喩である。また，太郎が村人に説明するシーンでは，真実を告げるか，うそをつくか，という選択を迫られる。これも同様の隠喩である。

シーン4：娘の出現は太郎の人生を幸せに変えることを意味する。娘の出現とその後の生活は，恋愛，結婚，出産，育児など，伴侶と10年間，生活を共にするという日常生活を象徴する。ま

た，日常生活を送るうえで忘れてはならないモラル，約束，思いやりについてもシーンの中で考える機会を参加者たちは得る。

シーン6：「妻」が何も言わずに子どもたちの寝室に歩いていくシーンは，「ゆっくりと立ち上がる」動作によって，楽しかった10年間の時間の流れを象徴する。また，このシーンは無言のため，妻がどのような行動を起こすのか，参加者たちが自由に考える余地がある。さらに，これは，プレ・テキストの物語に書かれていない隠れた部分があることを参加者たちに暗示することができる。

🏷 実践のポイント

全体のテーマ：全体のテーマは相互理解とコミュニケーションである。小学校低学年では，「真実を伝えること」と「約束」の2つにテーマを絞って行う。高学年では，太郎の人生を通して，自分にとって「一番大切なもの」を考え，それがなぜ自分にとって必要なのか，それを維持するためにはどうしたらよいのか，などを考えるとよい。

衣装効果：PiRがいれば，参加者たちの前で雪女を象徴する衣装である白い長襦袢を洋服の上から羽織る。小道具や衣装を参加者の前で着ることは，プレ・テキストが進行していくことを参加者たちに知らせ，その後のシーンに参加者たちの興味をひきつける効果がある。

PiRがいない場合は，参加者のなかから1人を雪女役に選んでもよい。進行役がTiRと雪女の2役を行うこともできる。この場合は，長襦袢を着るのではなく，長襦袢を隣に置いたり持ったりして，2役を演じることができる。

課題1：参加者がつくった内容を，プレ・テキストの一部として加える。この過程で「参加者自身の想像で物語をつくっていく」というアプライドドラマの活動を体験的に示すことができる。したがって，進行役は，参加者たちからの突拍子もない内容，時代にそぐわないこと，物語に不釣り合いなことであっても，否定せずに取り入れることが重要である。課題2，9，10でも同様である。

課題3：「雪女」は，国や地域の文化や歴史などによって，同じ物語やその中の現象を違う意味でとらえている，ということを参加者たちが考える機会をもつことができる。各国に日本の「雪女」に類似した物語が伝承されていることを参加者たちに伝えるとよい。また，日本国内でも地方によって違いがあることも伝えるとよい。進行役は，絵本や，インターネット等で教材をあらかじめ用意しておくとドラマ活動の中で紹介できたり，比較できたりする。

ワークショップ参加者の声

・参加して感じたことの1つ目は，すごく考えさせられるし，自分だけではなく，他人とかかわり話し合うことでたくさん学ぶことができます。雪女の物語が机の上の勉強よりもはるかに理解できました。アレンさんが言っていた「体を動かすことでなまけている脳が動く」はそのとおりだと思いました。日本にもこんな授業ができればいいのにと思いました。それから日本の昔話をこんなにじっくりと考えたり話し合ったりしたことはいままでにありませんでした。それをイギリス人のアレンさんから教えられたのはちょっと変な感じです。2つ目は，演劇や音楽に国境はないって本当なんだ！　ということです。動きや音を使うことでコミュニケーションがとれて皆が楽しめて，本当にすばらしいと思いました。3つ目は「約束」って大切だけど守るのは大変だなって思いました。僕のお母さんが雪の中に消えたらいやだなと思いました。（参加者・小学生）

Pre-text 03　夢と現実
The Dreamer

このプレ・テキストで学べる要素

大きなテーマ
- 現実と夢のバランスについて
- 個性と集団でできることの違いについて
- 仕事と生活（勉強や宿題と，趣味や遊び）にかける時間のバランスについて
- 責任をもつとはどうすることか。
- 自由にすることにはどのようなリスクがあるのか。

社会的スキル
- パートナーを組み，共同作業ができる。
- 自分のもつ価値観を，必要に応じて社会通念に合わせる必要性があることを知る。
- 人によって価値観の違いがあることを知る。
- 考え方や信念の違いを認め合い，お互いにわからないことは質問する勇気をもつ。

ドラマ／演劇的スキル
- 無言の劇や動作をすることで，言葉に頼らずに思いや感情をすみやかに表現できるようになる。
- ほかのグループの劇を見て意見を述べる活動を通じて，周りの人の言動を観察でき，自分の意見を発表できるようになる。
- 参加者全員で1つの劇をつくり上げることから，人と共有することや，協力して目標を達成することを学ぶ。

このプレ・テキストのあらすじ

　200年以上昔の，ある船の航海中の物語です。この船には船長と，乗組員である家族が働いていました。末息子のHは素直で明るい子どもですが，学校などに通う機会もなく，しつけられずに育ったので，周りを気づかったりできず，自分のしたいことだけをしています。乗組員の兄弟たちは，それがおもしろくありません。Hは兄弟全員で大きな凧を飛ばすことが夢で，1人で船室にこもってこっそり凧を作っていました。Hは兄弟たちの仕事をまったく手伝わないので，とうとう兄弟たちの怒りをかってしまいました。兄弟たちはHの作った凧にHをくくりつけ，空に飛ばしてしまいます。強い風にあおられた凧は綱が切れ，海に落ちてしまいます。兄弟たちは凧の落ちたところへ急ぎましたが，Hの姿はどこにも見当たらなかったのでした。

プレ・テキストの構成とねらい

コントラクト			プレ・テキストを通して，自分の将来の夢について考え，自分の夢を隠さず伝えること。また，友達の夢がどのようなものであっても否定せずに聞くこと。
事前エクササイズ			ゲーム：やりたいことと，やるべきことのバランスを考え，2人組で表現する。夢を考える：ドラマを通して考える自分のテーマを明確にする。
本体ドラマ	シーン1	課題1	主人公の名前や，船の名前を決める物語内の固有名詞を決めることで，物語を共有し主体的に参加する意欲をもたせる。
	シーン2	課題2	あらすじの確認 物語の内容を，全員が把握できるよう確認する。
	シーン3	課題3	Hの人格について考え，Hを説得する 登場人物の性格を理解する。個人（H）と集団（兄弟たち）の違いを考え，Hが，しなければいけないことを考える。
		課題4	Hの人物像を考える 主人公の人物像をあらためて考えることを通じて，現実と夢のバランスについて考える。
	シーン4	課題5	グループで船上の仕事を考え，動きを入れた場面をつくる 全員でテンポよく役を演じることで，仕事の大切さと努力する必要性を身体的に理解する。
		課題6	動作をリズミカルに表現する 身体表現で思いを発散させる。架空の仕事を考えることで，日常生活とは違う生活を想像できる。

	シーン5	課題7	状況をとらえ，想像する 何が起こったかをとらえ，想像することで，そのときの自分の感情と向き合い，言語化する。
	シーン6	課題8	質問と話し合い 自分の行動を振り返り，自分の考えは社会通念と調和するか，社会的な責任とは何かを考える。
	シーン7	課題9	即興劇 登場人物になって状況を把握し，演じることで，葛藤場面を自分自身に置きかえて，考える。
	シーン8	課題10	状況説明 状況を説明し，相手を説得する過程で，価値観の違いや生活と仕事のバランス，責任とは何かを考える。
		課題11	終わりのない結末 物語の続きを考えることで，自分の考えと向き合い，テーマをより深く考えることができる。

コントラクト

> この物語は，乗組員たちが「仕事」と「夢」の価値観やバランスを考え，悩み，怒り，最後に失って初めて，一番大切なものは何かを見つけるお話です。このプレ・テキストを通して，自分の将来の夢について考えてみましょう。将来の夢をもつのはとても大切なことです。
> 　皆さんと約束したいのは，自分の夢を隠さずに伝えることです。そして，友達の夢がどんなものでも否定せずに聞くことです。夢を実現するためには，考えなければいけないことがたくさんあります。例えば自分が選んだことをまっとうする責任や意思，夢に伴う現実的な問題を知ることは大切です。プレ・テキストを楽しく演じながら，これらのことを皆で考えていきましょう。

事前エクササイズ

天使と悪魔のゲーム

①2人1組になり，心の声を表す天使と悪魔になる。1人は「生活のために一生懸命働こう」と思う天使の自分役で，もう1人は「夢を追いかけて仕事をなまけよう」とする悪魔の自分役になる。

②2人組は向かい合って立ち，それぞれの役の対照的な動きを体全体で表現する。例えば，悪魔の自分役が座って楽をしようとすると，天使の自分役は相手を立たせようと引っぱりあげる。

③BGMを流し，全員で一斉に，1分間，動作をしてみる。

④ほかの2人組の様子を見合う。参加者を半分に分けて，半分ずつ発表し互いに見合うとよい。発表を見て，感じたことを話し合う。

夢について考える

①5～6人程度のグループに分かれる。各グループに大きめの画用紙1枚とカラーペンを配る。
②画用紙に，グループ全員の「将来（または現在）何をしたいか」という夢を，絵や文章で書く（5分程度）。
③書き終わったら，進行役が各グループを回り，絵を全員に見せる。進行役は絵を見せながら，どんなことが書かれていて，だれが書いたのか等を，グループの参加者に質問する。ほかの参加者から何か質問があれば進行役が指名し，書いた人が答える。
④夢を書いた画用紙は，黒板に貼って「主人公の部屋の壁紙」に見立てたり，棒などに貼りつけて「船のマストと帆」に見立てたりして，ドラマの雰囲気をつくる小道具として使用するとよい。

本体ドラマ

◆進行役の役割
・ドラマ進行
・ナレーション（Nと略）
・ティーチャー・イン・ロール（TiRと略）：主人公（H），Hの姉，船長（3役）

◆準備物
・海や船をテーマにした音楽（CD例：バンゲリス『1492：Conquest of Paradise』）
・CDプレーヤー等
・大きめの画用紙（5～6人に1枚）
・カラーペン
・OHP（オーバーヘッドプロジェクター）
・画用紙4枚（凧の形に切り抜く。10cm×15cm，7cm×10cm，2cm×3cm，1cm×0.7cm程度で大きさが異なるもの）
・バンダナ
・布（1m×1.5mのものと40cm×40cmのもの）
・ショール1枚
・船長の帽子

シーン1（1～2分）

進行役：黒板に帆船の絵を描き，船のイメージを伝える。写真よりも手描きのほうがよい。絵は，進行役があらかじめ描いておいても，参加者から希望者を募って描かせてもよい。

N　これは，200年以上前，世界の海を航海していた大きな帆船のお話です。帆船とは，帆に風を受けて進む，昔の船です。
　　この物語の主人公は，「H」といいます。Hのお父さんはこの船の偉大な船長さんです。

課題1　主人公の名前や，船の名前を決める

①登場する船の名前を決める。進行役は「船には名前がついていること

を知っていますか？　例えば日本ではよく『○○丸』と最後に『丸』がつく名前をつけます。イギリスでは船は女性を象徴すると考えられているので，よく女性の名前をつけます。この物語の船の名前を考えてみましょう」と参加者に促す。

②進行役は参加者の意見を聞き，黒板に書く。最終的に全員で合意できた1つに決める。

③同様に「この物語の主人公は『H』というニックネームです。本名は何でしょうか」と聞き，主人公の名前を決める。

④決まった名前を確認して「船の名前は『●●』，主人公の名前は『◆◆』です。この名前で，物語を続けます」と言い，次のシーンを始める。以降，ナレーションでは，ここで決めた名前を使う。

シーン2（5～8分）

「お姉さんは何ていう名前にしましょうか？」と参加者に聞き，決めた名前を使う TiR：ショールをはおって姉役になり，ゆっくりといま大変困っていることを語り始める TiR：波止場に腰かけて海を見つめている動きをする	N	「H」は大家族の中で育ち，1年中のほとんどの時間を，家族や親戚などの一族と一緒に，世界中の海を旅して過ごしていました。その当時，このような生活の子どもたちは，学校に行かず，海の上でいろいろなことを学ばなければなりませんでした。そして航海の途中で，各地の港に立ち寄るのをとても楽しみにしていました。 この物語は●●船が，ある港で出航準備をしているときに，Hのお姉さんの1人，○○さんが，とても困った様子で，うなだれて波止場に座っているところから始まります。
	姉	「Hは，毎日仕事もせず，大きな凧をあげるのが夢だなんて言って，夢を追いかけて凧を作って……兄弟たちがどんな目で見ているか知らないんだわ」
	N	○○お姉さんは小さいころから，お母さんの代わりにHの面倒を見ています。昨日，お姉さんは，兄弟たちがHのことをうわさしているのを偶然聞いてしまいました。兄弟たちは，仕事を手伝わないHをよく思っていなかったのです。兄弟がひどく不満をもっていることを知って，お姉さんはHがとても心配になりました。 実は，船長であるお父さんは，末息子のHがかわいくて，いつも甘やかしていました。ほかの兄弟たちはそれがうらやましくてたまりません。お姉さんは，昨日も，船長がHの欲しがっていた高価な布を買ってやったのを見ていました。もしこれをほかの兄弟たちが知ったら，ますます不満に思い，Hは仲間はずれにされてしまいます。

	それは，Hが仕事をせずにずっと作っている，凧を完成させるための布でした。船の上で大きな凧をあげるのが，Hの夢なのです。Hが明日，真新しい大きな凧を大空にあげながら，「自分はいつか凧づくりの専門家になって，兄弟皆と一緒に凧あげをするんだ」などという夢を語りながら一日中遊びほうけている姿を見たら，怒った兄弟たちがいったい何をするかと，恐ろしくてしかたありません。
TiR：参加者に語りかける	だれか，この○○お姉さんの悩みを聞いて，アドバイスをして助けてあげてください。
TiR：立ち上がり，名案が浮かんだというアクションをしながら	姉　「そうだ！　世界各地の港で出会ったHの友達なら，Hのことをよく知っているはず。あの3人に頼んでみよう。友達なら，明日，ほかの兄弟に凧を見せびらかしたり，凧あげをしたりしないよう，Hを説得できるはずだわ！」

課題2　あらすじの確認

　ここまでの話を理解するために，進行役が参加者に確認の質問をする。
Q1「お姉さんが，友達に頼んだのは，どんなことでしょうか？」
Q2「友達は，なぜHのところに行かなければならないのでしょうか？」
Q3「どんなことをHに伝えなくてはいけないのか？」
A　(例)「Hに，ほかの兄弟と同じように仕事をしなくてはいけない，凧を作るのは，仕事のあとでもできる，と忠告してほしい」

シーン3（5～8分）

N	Hは，けっしてなまけ者なわけでも，わがままなわけでもなく，ずるい子どもでもありません。むしろ，だれにでも愛される裏表のない性格でした。ただ，まだ若くて，学校にも行っていないので，きちんとした教育を受けていません。だから，だれかが仕事のやり方や船のルールを教えてあげなければいけないのです。 一生懸命働いている人からは，Hはなまけ者に見えてしまいますが，Hは，だれかが働かなくても船は自然に動くと思っていたのでした。空があって，海があるから，凧をあげるだけでも人生はすばらしいと心から感じています。人がどう思っているかを考えたり疑ったりしたことがないので，兄弟たちが，Hのことをじろじろ見たり，忠告したりするのも，彼のことを好きだからだと本当に思っていました。 さて，そんなHのもとに，○○お姉さんに頼まれて，友達が説得にきました。友達はHの部屋に来て，一生懸命説得します。Hは，友達の言うことを真剣に聞き入れて，納得しました。

課題3　Hの人格について考え，Hを説得する
①参加者から，有志3人を募り，Hの友達役を決める。
②教室にHの部屋があると見立て，進行役がHになって部屋の真ん中に座る。参加者はそれを囲んで見る。
③課題2の状況を踏まえて，友達役3人は，1人ずつHを説得する。せりふは友達役が各自考えて即興で話す。
例：いますぐ，兄弟たちを手伝って仕事したほうがいいよ。兄さんや姉さんたちのように仕事をしなければいけないよ。
例：お父さんに買ってもらった新しい凧の材料は，うらやましがられるから，ほかの兄弟に見せびらかさないほうがいいよ。

課題4　Hの人物像を考える
　参加者全員で，Hという登場人物のイメージについて整理し，模造紙に書き出して，もう一度考えてみる。
　「どうすれば，Hはバランスのよい人間になれるだろうか」を，参加者が意見を出し合い，Hの欠点やよい点を話し合う。進行役は，参加者から出た意見を下図のように書いていく。

母親を小さいときに失くした
忘れっぽい
家族を愛し信じている
人の忠告を聞く
好きなことに没頭する
素直で純粋
危険なことを知らない

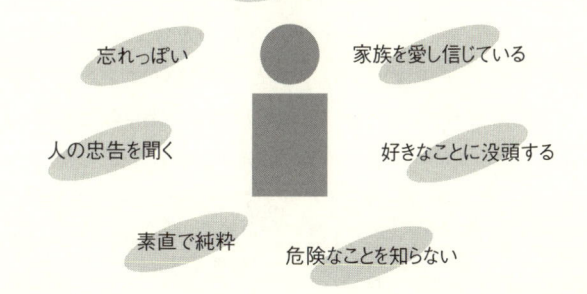

シーン4（5〜8分）

TiR：バンダナをかぶってHになり，ナレーションに合わせて動く	N	●●船は，すっかり出航の準備ができました。Hの新しい凧も完成しました。Hは，すぐに飛ばせるように整え，丸めて小脇に抱えました。もう一方の手には，古い布を1枚持って，船の食料品室に行きました。食料品室に入ると，Hは布を取り出し，焼きたてのパンを取り，大切に包みました。
進行役：「ほかにどんな食べ物を持ち出そうとしますか？」と，参加者に，ほかに持ち出す食料品を聞いていく		
TiR：Hとして，参加者の言った食料を布に包む動作をする。続けて，進行役として「ほかには？」といくつか聞き，Hとして持ち出す動作をする。最後に，「一番の好物を見つけます。それは何でしょう？」と聞く。これも同様に布に包む動作をする	H	「あ，○○がある。これもおいしそうだから，持っていこう」

	N こうして，Hは，パンと，○○と，○○と，大好物の○○を布に包んで，食料品室をあとにしました。Hは，別にこっそり盗んだわけではありません。ただおなかが空いていたし，好きな食べ物だから持っていくことにしただけです。でも，ここは何か月も海の上を旅する船の食料品室です。本当は，ここにある食べ物は，船の乗組員全員で，大切に分けて食べなければならないものだったのです。 太陽がぎらぎらと照りつけるなかを，船は風を切って進みます。片手に食べ物がたくさん入った包みを持ち，新しい凧を片手に持って，Hは楽しそうに兄弟たちが仕事をしているところへ行きました。友達のアドバイスどおり，自分も仕事を手伝おうと思ったのでした。

課題5　グループで船上の仕事を考え，動きを入れた場面をつくる

①参加者から登場する役（「お姉さん」，「Hの友達3人」，「お父さんの船長」）を募る。友達は，課題3のときの有志でよい。

②ほかの参加者は，Hの兄弟たちや乗組員たちになる。全員が何かの役につくよう，進行役は配慮する。

③乗組員たちは，5〜6人のグループに分かれる。それぞれのグループが担当している仕事は何かを考える（例：見張り，かじ取り等）。「お姉さん」と「Hの友達」も，このグループに加わる。

④グループごとに担当の仕事を1つ決め，どのような動きをするか話し合う。1つの仕事に3つの違った動きを考える（例：デッキ掃除係はホースを引っ張る，床を水で洗う，ごみを片付ける，等）。

⑤BGMをかけ，決めた3つの動きをする。参加者全員が同時に動く。

⑥船長役は，仕事の動きをしている各グループの間を歩き回る。船長が通りかかったら，乗組員たちは敬礼し，尊敬の意を表する。

課題6　動作をリズミカルに表現する

この課題は課題5の発展である。

①グループごとにまとまり，全員で大きな円をつくる。BGMをかける。

②1グループずつ立ち上がり，3つの動作を音楽に合わせて繰り返す。1つの動作につき20秒くらいで，①→②→③と動作をしたら，次のグループが①→②→③と動作をする。各グループ1分程度で，間をあけずに次々に発表する。発表が終わったグループは座る。

③BGMに合わせて，1動作ごとに，次の動作に入る合図としてベルや太鼓などの楽器を鳴らすと，全員が楽しんでテンポよくできる。

シーン5（3〜8分）

課題5の船長役は横たわる	N Hは兄弟たちの仕事場に向かいます。船のデッキを通る途中，お父さんの船長が，出航を終え，疲れて眠っているのが見えました。

	船は軽快に進んでいます。兄弟たちはいつもどおり忙しそうにそれぞれ担当の仕事をしていますが，よく晴れ渡った高い空を見た途端，Hは新しい凧と食料が入っている包みをかかえて，ぼーっと空をながめて立ち止まってしまいました。
1つ目のグループの仕事を言い，グループは仕事の動作をする	そんなHを，デッキの掃除係の兄弟たちが見て，黙って顔を見合わせました。無言でたわしを床に投げつけると，Hをにらみつけ，あとをつけていきました。
1つ目のグループの参加者は，ナレーションに合わせて，仕事用具を床に投げつける動作をし，H（進行役）の後ろをついて歩く	
	Hは次の仕事の前を通りかかりますが，やはりぼーっと空を見つめるだけで仕事をする気配はありません。○○係の兄弟たちがそれを見つけて，やはり仕事用具を床に投げつけ，
2つ目のグループの参加者の1人に，せりふを言ってもらう。同様に，参加者はナレーションに合わせた動作をする	兄1「ばかばかしくて仕事なんてやってられるか！」
TiR：すべての仕事場をHが回り，最終的に，参加者全員がHのあとを怒ってついていくまで繰り返す。3つ目のグループ以降の兄のせりふは，参加者自身が思いついたものを言ってもらうとよい	N　と言ってHのあとをつけていきました。
TiR：凧を取り出すが，いったん凧を床に置き，座って食料の包みを開け，食べ物を取り出す（時間や場所をわきまえずに，大切な食料を食べようとするという，兄弟たちの反感を買う原因の一つの動作をする）	太陽はどんどん高くなります。空を見つめて，ただぼーっと歩き回るHのあとをつけていく兄弟たちは，どんどん怒りを増していきます。仕事をしないで夢ばかりを追いかけているHに対する怒りが，我慢の限界に来たそのとき，Hは船の先端にたどりつきました。皆が自分のあとをつけてきていることは，まったく目に入っていません。
	そんなHを，兄弟たちが取り囲みました。Hは兄弟たちがついてきてくれたことに気がつき，うれしくなりました。でも，雰囲気がいつもとちょっと違うのを感じました。
TiR：包みの食料をそこに集まった人々にすすめる動作	H「ここに食べ物があるから皆で一緒に食べようよ！」
	N　と言いかけたのですが，今度は凧を手にとって言いました。
TiR：皆の前で「兄弟全員で凧をあげたい」という夢を語り始める	H「僕の最近の夢はね……」
	N　そんなHに，兄の1人が言いました。

兄のせりふは，参加者の1人に言ってもらう。TiR（H）は返事に迷っている	兄2「そんなに凧を飛ばしたいなら，お前をくくりつけて飛ばしてやるよ。皆でお前のその夢を実現させてやろうじゃないか」
参加者たちは，H（進行役）を凧にくくりつける動作をする	H　そして，兄弟たちは，Hの返事を待たずにHを凧にくくりつけました。そして風にのせて凧を大海原に放ちました。みるみるうちにHを乗せた凧は大空に舞い上がり，だんだん小さくなっていきます。 ロープを船上で支える兄弟たちは，凧が上がるごとに，だんだん凧が強く引っ張られていくことを感じ，皆必死に支え始めました。

課題7　状況をとらえ，想像する

①OHPで，大きさの違う4種類の凧の影を，大きいものから順に投影する。OHPが用意できない場合は，4種類の大きさの違う凧を大きい順に1枚ずつ手にとって見せる。

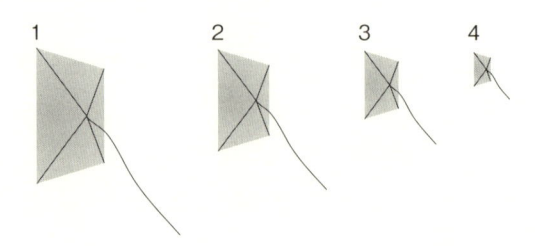

②影絵でHが徐々に消えていくプロセスを見せ，進行役は参加者にそれを見てどのような気持ちかを1人ずつ聞く。肩をたたくなどの合図で，ひと言だけ言うようにする。

シーン6（8〜15分）

進行役は4つ目の凧の影絵（または模型）を見せる	N　Hを乗せた凧は小さな点になり，風はますます強くなってきました。Hが必死に凧にしがみつき，ロープを握りなおしたそのとき，風にあおられてロープが切れました。Hを乗せた凧は海に向かって急速度で落ちていきます。兄弟たちはその様子を見ているだけで何もできません。Hは波に吸い込まれるように消えてしまいました。だれもが信じられない思いでした。ついさっき，Hを凧にくくりつけて面白半分に飛ばした記憶がうそのようです。

課題8　質問と話し合い

①進行役は「兄弟たちは，Hが海に落ちて消えてしまった事故を見て，はじめにどんなことを思ったでしょうか。近くの人と数分間話し合ってください」と言い，参加者は近くの者同士で自由に話し合う。

②全員で円になり，頭に浮かんだことを1人ずつ言う。全員の意見を聞き合ったあと，自分の意見や考えが変わった人は手をあげて発言する。

③「Hを乗せた凧は海に墜落して壊れ，波に呑み込まれてしまいました。それを見ていたあなたは何と言ったでしょうか。短いひと言で言ってください」と言う。参加者は，順番に一人ひと言ずつ言っていく。

シーン7（5分）

> N 兄弟たちは次々と海に飛び込み，泳いで凧が落ちた場所にたどり着きましたが，そこにあったのは壊れた凧の残骸だけでした。皆で手分けしてあちこち探しましたが，どこにもHの姿は見つかりません。周りはただ青い海が波立っているだけでした。

課題9　即興劇

「このあと，兄弟たちはいったいどうしたのか」について，参加者各自で考え，船に戻るまでを全員が即興で動いてみる。海にもぐって探す動作や，途方に暮れる動作など，全員が同時に動き，2～3分の劇にする。

シーン8（3～5分）

> N 再び海は波一つなく，何事もなかったかのように静まりかえっています。兄弟たちは全員船に戻り，途方に暮れていました。もうじき，船長が目をさます時間です。しかたなく，「Hが事故にあって海の中に落ち，大風に吹かれて行方がわからない」と伝えることにしました。

課題10　状況説明

進行役はTiRで帽子をかぶって船長になる。参加者は全員兄弟たち役になり，船長の部屋に集まる。参加者のうち，数人がせりふを考え，事件の様子やこれまでの経緯を船長に説明し報告する。参加者がうまくせりふが出てこない場合，進行役は，「どうした？」「何があった？」など，船長として質問し，参加者が説明できるように配慮する。

シーン8（5～10分）

TiR：船長として言う

> N この事故のことを聞いた船長は静かに目を閉じて，「これはお前たちがたった一つHに与えた愛と希望だったな」と言いました。

課題11　終わりのない結末

進行役は，「プレ・テキストにはいつも結末がありません。プレ・テキストはきっかけで，続きを考えることに意義があります。物語は，兄弟たちが事故を引き起こしてしまい，Hが行方不明になってはじめて，Hは皆にとってどのような存在だったのかに気がついて終わります。しかし，続きはいろいろと考えることができます。またこの物語には，社会でバランスよく生きること，家族の関係などもテーマに含まれています。このあと，船はどうなったのでしょうか。Hはどうしたのでしょうか。兄弟たちは，どう変わったのでしょうか。皆さんで続きをつくってください」と説明する。

> Point　95ページ参照

この物語の 手引きと背景　The Dreamer Context

🏷 プレ・テキストの概要と成立の背景

　この物語は，昔の船乗りたちが「仕事」と「夢」の価値観やバランスを考え，悩み，激怒し，そして最後に一番大切なものを失って初めて，大切なものは何かを見つける，という皮肉の中に真実を見いだす話である。このプレ・テキストをつくったきっかけは，日本の学生たちに，現実につぶされないような夢をもってほしいと願ったからである。その後，健常者と障がい児が一緒に学んでいる日本のボランティアグループとのワークショップのために改良し，5～23歳という幅広い年齢層を対象として実践を重ねてきた。

　日本には「出る杭は打たれる」ということわざや傾向があると，学生たちから聞いた。日本の子どもたちにとって，このような考えが夢や将来へのチャレンジの大きな妨げとなったり，障害をもつ子どもたちの自由な自己表現をむずかしくしたりすることにつながっているのではないかと感じた。

　そこで，旧約聖書『創世記』のヨセフの物語を参考にプレ・テキストをつくった。この話は，父親に一番かわいがられており，夢の話ばかりする末弟ヨセフと，農場で必死に働く兄弟たちの物語である。ある日弟に嫉妬した兄の一人が，ヨセフを井戸に突き落とし，ヨセフをエジプトに売り払ってしまう。父親には，弟は野獣のえじきになったとうその報告をする。

　舞台を船の上に変え，父親を船長，ヨセフをH，兄弟たちを船上で働く乗組員とし，井戸ではなく海に落ちたという話に変えた。空を飛びたいと願うHの夢は，兄弟たちの嫉妬によって，凧のロープが切れ，無残に海の中に沈んでしまう結末を迎える。

　また，このプレ・テキストは，最初のワークショップでの，学生の次のような質問を大切にしている。「なぜHが夢を実現することは許されなかったのか。どうして船の上ではだれもが同等に仕事をしなければいけないのか」「Hの行方不明はだれのせいか。H自身のせいか，それとも兄弟や船長のせいか」「もしHに母親がいたら，学校に通っていろいろなことを勉強できたら，このような事件は起きなかったのだろうか」などである。

　これらの質問をした学生たちは，翌年特別支援が必要な子どもたちとプレ・テキストを使ってドラマ活動を行い，多くの答えを学生自身が見つけることになった。実践する際には，上記のような疑問を，参加者が感じられるとよい。

🏷 プレ・テキストにおける隠喩

全体の設定：「船」という限られた空間・限られた自由の中で生きるという設定は，「特別支援が必要」「体が不自由」「病院や，施設内で生活しなければならない」などの，さまざまな自由を制限された状況の隠喩である。狭い行動範囲内で生きることや，そこから外に出たいという願いから生じる「夢」と「現実」を参加者とともに考えながら場面を進行させる。

シーン2：大家族で育ち，船上で暮らす「H」の生活は，普通の社会で自由に生活を営めないことの象徴。寄港・停泊する数日間は，彼らにとってのいこいのひとときであり，ハプニングが起

きる前兆でもある。
シーン4：出帆に向けて忙しい乗組員と対照的な「H」の存在がある。夢見る人である「H」は，1対多数で働く人の非難を浴びるが，それをまったく気にしない。夢見る人特有の性格を通じて，忙しい現代人に夢をもつことのメッセージを送る意味が込められている。
シーン5：兄弟たちの「H」に対する嫉妬と怒りが爆発する場面は，集団対個人の対立を表す。ここでは課題としていないが，発展的活動として，集団生活の中で個人の考えや意見をどのように聞き，取り入れていくか，集団に属することが安全なことなのか，個人はどのように集団に受け入れられるのかなどを，話し合いのテーマとすることができる。

実践のポイント

全体の雰囲気：プレ・テキストを通じて，参加者一人一人に自分の将来の夢について考えさせ，将来の夢をもつことは，とても大切なことであると確認し合う。そのため，参加者が，自分の夢を隠さずに言えるような雰囲気をつくる。進行役は参加者の夢がどんなものでも否定せずに聞き，参加者が自由に発言し，互いの意見を聞き合えるよう配慮する。

キャリアを考える：夢を実現するための責任や意思，可能性，状況などの実際を知ることは大切な教育である。プレ・テキストを演じながら，分析し，考えていけるとよい。参加者の年齢や状況に応じて進行役が課題を選び，また実践時間等の調節をする必要がある。

課題11：テーマをより深く考えさせるために，どのように物語を続けるかを，事前に考えておく。例えば，Hが凧にくくりつけられたところから，参加者にシーンをつくり直させてもよい。

発展的活動

　参加者が互いに心を開けるようにするためには，慣れ親しんでいる教室やスペースで，参加者だけで行うのが最もよい。

　この物語を，心身に障害をもつ子どもたちと行ったときに，ケーススタディをしたいという要望に応えて，多目的スタジオ（さまざまなワークショップに使える，照明や音響が整った何もない空間）において公開ワークショップ形式で行い，観客に見てもらったことがある。子どもたちはスクリーンに映し出された大きな船や色とりどりのカラーライトに感動したり，客席の両親に手を振ったり，広いスペースを力いっぱい駆け回って大きな声を出すことができた。しかし，進行役のわれわれ自身が，子どもたちの意見や表現を見聞きするよりも教育者との討論に重点をおく結果となり，アプライドドラマ教育の観点から外れてしまう結果になった。また，物語に参加していない人から質問されても，参加者は物語上の課題や質問のときのように，かみ合った答えが返せなかった。アプライドドラマというドラマ活動においては，観るだけを目的とする観客をつくらないほうがよい。

　このプレ・テキストを，中学生以上の年齢の参加者と行ったときは，最後に次のような話し合いに発展した。以下のテーマもプレ・テキストに含まれているので，時間が許せば，進行役と参加者たちで話し合ってみるとよい。

・日本で個性はどのように受けとめられるのか。
・出る杭は打たれなくてはいけないのか。
・日本社会における仕事とプライベートのバランスとはどんなものか。
・仕事のパターンを変えることはむずかしいことか。

・仕事に課せられた責任について。
・夢をもつことは重要なことなのか。また，どうしてか。
・学校教育を受けられない子どもの教育について。

ワークショップ参加者の声

- 世界にはたくさんの人間がいて，私はそのだれにも「弱者」という言葉が当てはまると思っています。立場の問題ではなく健常者でも皆「弱者」の部分が必ずあるのではないかということです。アプライドドラマはある意味で「鏡のようなもの」で，自分の中にひそむ新たな弱い面を知り，信念や強い思いなども知ることができます。また答えが1つではない，どれが正しいか，正しくないかは本人次第であり，体験した人の数だけ「答え」があっていいというこのお芝居の結末は，障害をもつ子どもへの教育にとても役立ちます。（参加者・障がい児教育者）

- ワークショップに参加して，心から「解放」されたと感じました。いつも僕は授業の中で先生やクラスメイトの目を気にしてプレッシャーを感じていましたが，自分の内面が解放されました。僕は高校時代，友達と話すこともなくずっとTVゲームで遊び，引きこもりに近い状態でした。進行役は僕たちの意見を絶対否定せずに聞いてくれて，そこから話が発展していきました。皆でつくる物語は「ふれあい」があって，明るくはじけられた自分がうれしくて，こんな自分がいたのかと「発見」しました。（参加者・学生）

- 日本の教育関係者の視点は「活動には必ず達成すべき目標があり，その目標とは具体的にある一つのことを考え理解させる」というものが主流であると思います。この視点から考えると，教えるべき命題は「働くことは大切だ」「協力することは大切だ」「自分勝手にふるまうのは悪いことだ」なのか，さまざまな目標が混在しているように見え，一体どれが達成目標なのかつかみにくかったように感じました。また目標に行き着くまでに不必要なものやじゃまなものが子どもたちの集中を阻害しているようにも見えました。日本の教育現場でアプライドドラマを行う場合は「達成目標」の焦点を，進行される先生が絞ってそれぞれのクラスに合ったものに変えることが重要だと感じました。（見学者・教育者）

Pre-text 04 リア王
King Lear

このプレ・テキストで学べる要素

大きなテーマ
- 正直とはどういうことか
- 尊敬すること
- うそをつくことの是非
- 愛情とはどんなものか
- 権力がもたらすこと
- 責任をもつとはどういうことか
- 親と子どものきずなとは
- 年をとること(子どもにとっては老いていく親への思いやりを,参加者が高齢の場合は世代交代や跡継ぎの問題などを考える)

社会的スキル
- 6〜8人での共同作業ができる。
- グループで話し合い,お互いの意見を調整し,認め合うことができる。
- リーダーシップを発揮し,ほかの人の手助けができる。
- グループ内でのコミュニケーションがとれる。
- 人々の努力や成果に対して,感謝の気持ちを表現できる。

ドラマ/演劇的スキル
- 登場人物の衣装をつくる作業から,時代背景や人物像をグループで話し合い,想像したものを形にできる。
- 物語に登場する役割を演じ,あらすじを考えることで,物語への理解を深める。
- 登場人物のせりふや感情,動作を考えることで,人間関係や性格を考え,登場人物への理解を深める。

このプレ・テキストのあらすじ

　大昔のイギリスの王，リアは大変力をもった強い王でした。リア王には3人の娘があり，ゴネリル，リーガン，コーディリアといいました。また，王の親友であり，頼りになる忠臣でもあるケントもいます。
　年老いてきたリア王は，隠居を決意します。そこで，国を3人の娘に譲ろうと思いましたが，娘たちが本当に自分を愛しているか，試すことにしました。ゴネリルとリーガンは，父親におせじを言って，まんまと領土を分けてもらいました。しかし，正直者の末娘コーディリアは，ただ「お父様を愛しています」と言うだけで，何も言わなかったため，リア王の怒りを買い，追放されることになってしまいます。ケントはリア王をいさめますが，リア王の怒りはおさまらず，ケントまで追放されてしまいます。リア王は最も愛していた末娘と，忠実な家臣をいちどきに失ってしまいました。

プレ・テキストの構成とねらい

コントラクト			原作の知識は事前に必要ないが，将来，シェイクスピアの本を読んでみてほしい。
事前エクササイズ			ゲームショー：「本物はだれだ？」 うそを言うときに人々はどのような表現や言い方をするのかを考える。
本体ドラマ	シーン1	課題1	宮廷の様子を再現する 場面を想像し，動作を考える作業を通して，物語の世界観になじみ，物語の一員としての自覚をもたせる。
	シーン2	課題2	グループ分けと，衣装作りの準備 登場人物の性格や状況を考え，自分の希望を考え，選ぶことができる。ほかの人が希望した理由を聞き合い，話し合うことができる。
		課題3	グループで衣装作り グループの共同作業を通じて，リーダーシップをとったり，助け合ったりし，グループ内でのコミュニケーションを深める。
		課題4	照明で衣装を映し出す 互いに作った衣装を見合い，その特徴から登場人物像を想像し，認め合う。
	シーン3	課題5	グループごとに場面をつくり，せりふを考える せりふや感情，動きを考えることで，物語を理解し，登場人物の人柄や気持ちを考える。
		課題6	場面設定や構成を考える 全員で参加して場面をつくることで，共同して物語をつくる楽しさを体験する。

			課題7	演技 役を演じ，ほかの役を見ることで，登場人物の特徴を読み取り，その言動の理由を考える。
			課題8	5役以外の役をつくる 登場人物や設定を増やし，物語をふくらませることで，物語への所属感を高める。
			課題9	シーンを通して実践する 繰り返して演じることで，自己表現する力を養い，自信をもつ。
			課題10	物語の続きをつくる 続きを考えることで，想像力をはたらかせ，現実を考える目を養う。物語全体のテーマをあらためて考える。

コントラクト

◆◆◆　物語の予備知識　◆◆◆

　これから行うドラマは，イギリスの有名な劇作家，シェイクスピアの書いた「リア王」というお話をもとにしています。このお話は，1606年に初めて上演されました。そして，このお話のもとになった伝説は，さらに500年も前の，12世紀に書かれたといわれています。

◆◆◆　コントラクト　◆◆◆

　この「リア王」を読んだことがない人は，興味があったら，活動のあとに，本を読んでみてください。もとの話を読んだことがある人はわかると思いますが，これから行うドラマは，お話の一番最初の一部分だけを抜き出して，ドラマ活動のために少々変えてあります。

事前エクササイズ

ゲームショー：本物はだれだ？

①3人グループになる。

②グループで1つ，話すことを決める。内容は，グループのなかのだれか1人が，実際に体験したことにする。日常のことでも，意外な出来事でもよい（例：「10歳のとき，ハチを飲み込んだことがあります」「今朝6時に起きました」）。ほかの2人はその内容を覚える。

③各グループのせりふが決まったら，進行役は司会者になる。テレビ番組のように「『本物はだれでしょう？』の時間です。さあ皆さんで本物を当てましょう。3人のうち2人はうそをついています。皆さんよく見て真実を語る人を探してください」と紹介する。

④グループはひと組ずつ前に立ち，「私は，○○をしました」と，決めたせりふを1人ずつ一歩前に出て言う。

⑤司会者は，「1番が本物だと思う人？」と聞き，ほかの参加者はそれ

それ本物だと思った人に手をあげる。
⑥本物が一歩前に出て，正解を示す。
⑦同様に全グループを行い，最後に何人を当てることができたかを聞く。ゲームが終わったら「どうやって本物とにせものを区別しますか」と参加者に聞く。本当のことを言うとき，うそを言うときの人々のしぐさなどに注目させるとよい。

本体ドラマ

◆進行役の役割
・ドラマ進行
・ナレーション（Nと略）
・ティーチャー・イン・ロール（TiRと略）：リア王（1役）

◆準備物
・マント（王様役を演じる際に使う）
・古新聞（1人1～2部）
・テープ（手で切れるもの）
・画用紙（「リア王」「ゴネリル」「リーガン」「コーディリア」「ケント」と書いておく）
・色フェルトペン（サインペン）と筆記用具
・いす（5脚のいすを教室の4隅と中央に1脚ずつ置いておく）
・模造紙（1枚）
・イギリス宮廷15～16世紀をイメージできる音楽（CD例：坂本龍一＆ダンスリー『エンド・オブ・エイシア』より「ダンス」）
・CDプレーヤー
・オーバーヘッドプロジェクター（OHP）または照明装置

シーン1（5分）

	N　これから，「リア王」の物語を始めます。このお話には，5人の人物が登場します。まったく性格が異なる5人です。これから私たちはこれらの人物になって物語を進めていきます。
進行役：「リア王」と書いた画用紙を，中央のいすの背に貼る TiR：用意したマントを参加者の前でつけ，せきばらいなどをして，王の威厳・風格を表す	N　「リア王」は昔のイギリスの王様です。私（進行役）が演じます。
	N　リア王は，国一番の権力をもっています。とても誇り高いのですが，そのために判断を間違うことがあります。また，おせじを言われたり，おだてられたりするのが大好きで，自分勝手です。自分は国王だから，その権力ですべてが思いのままになると思っています。 さてこの国には，リア王の姿を見たら，国王をたたえ，敬意を表したおじぎをしなければならない，という決まりがありました。

課題1　宮廷の様子を再現する

①進行役は「リア王には，どんなおじぎをしたらよいのでしょうか。リア王をたたえるおじぎを決めましょう」と参加者に課題を伝える。
②自由に挙手させ，いくつかの案が出たら，そのうちの1つに決める。
③「リア王が部屋に入ってきたら，全員がこのおじぎで迎えることとします」と伝える。各自，その場で数回練習してみるとよい。

シーン2（25分）

	N　さて，このお話には，あと4人，重要な人物が出てきます。この4人は，皆さんが演じます。いったいどんな人か，少し説明します。
TiR：リア王が力を失うことを恐れている〈腕組みをして考えるなど〉の動作をする	強いリア王は年をとり，そろそろ隠居するときだと思いました。しかし，王が隠居すると，新しい王が権力をもつことになります。リア王は，自分が力を失うことを大変心配しました。 そこで，長年王として守ってきたこの国を3つに分け，自分の3人の娘たちに継いでもらおうと思いました。そうすれば，権力も失われず，尊敬されたままでいられるのではないかと考えたのです。 その前に，リア王は，自分が娘たちにどれだけ愛されているかを聞いてから土地と財産を分けようと思いました。そこで，娘たち3人を宮廷に呼んで，1人ずつ「父であり，王である自分をどれだけ愛しているか」を言わせることにしました。
進行役：「ゴネリル」と書いた画用紙を，四隅に置いたいすの1つの背に貼る	一番上の王女は，「ゴネリル（Goneril）」といい，抜け目のない性格で計算高く，欲しいものは何でも手に入れます。自分は，3人の王女の中で一番頭がよいと思っていました。いっぽう，王国の人々はそのずるい性格をよく知っています。ゴネリルは，リア王にどう答えれば，たくさん財産をもらえるか，よくわかっています。
進行役：「リーガン」と書いた画用紙を，別のいすの背に貼る	2番目の王女は，「リーガン（Regan）」といい，3人の中で一番の美人です。しかし，姉のゴネリルとよく似た性格で，計算高く，人を利用して得をしようとするところがあります。それでいて，1人では行動できないおくびょうなところもあるのです。とても意地悪く，どう言えば，リア王に気に入ってもらえるかをよく知っています。
進行役：「コーディリア」と書いた画用紙を，別のいすの背に貼る	末の王女は，「コーディリア（Cordelia）」といいます。コーディリアは2人の姉とは違って，父のリア王のことをだれよりも愛し，いつも考えていました。しかし，とても正直で，うそをつけない性格です。2人の姉たちが，リア王のことを口ほどには愛していないことを知っており，そのことをリア王に伝えなければと思っていました。

進行役:「ケント」と書いた画用紙を,最後のいすの背に貼る

もう1人,「ケント」という人物がいます。ケントはリア王の忠実な家来で,一番の親友です。ケントは正直者で,勇敢な兵士であり,多くの戦いでリア王とこの国を守ってきました。そして王を尊敬し,大変忠実に仕えていました。これまでも,リア王がゴネリルとリーガンのおせじやおだてにまどわされていると忠告してきましたが,王は聞き入れようともしませんでした。

課題2　グループ分けと,衣装作りの準備

①進行役は「この4人のなかで興味をもった人物1人を選んで,そのいすの周りに移動してください」と指示する。参加者は各自移動し,各人物のグループでなぜその役を選んだのかを1分間話し合う。

②各グループで,課題3の衣装をつけるモデル役を1人ずつ決め,選ばれた人はいすに座る。残った人はいすを囲んで床に座る。

課題3　グループに分かれて衣装作り

①モデル役の1人に協力してもらい,進行役が衣装の作り方(下記参照)を参加者に見せ,デモンストレーションをする。

②参加者が作り方を理解できたら,「各グループに分かれ,登場人物のイメージに合わせて,衣装を作ってください」と指示する。

③参加者は,グループ全員で協力して自由に衣装を作る。時代や国の雰囲気,登場人物の性格などについても,作りながら考えさせる。生活や状況(登場人物がどのように生活していたかや,人間関係の様子など)をグループで話し合い,衣装に反映できるよう配慮する。

進行役は各グループを回り,登場人物の性格などを詳しく伝えたり,アイデアを出したりする。登場人物に関する質問(ストーリーの先の展開など)にも答えてアイデアを与える。

Point 108ページ参照

衣装の作り方

①モデル役はいすに座る。

②新聞紙を,角から対角線上に,細く丸めてテープでとめ,1本の棒を作る。

③まず,作った棒をモデルの頭に巻き,かぶりものの骨格を決める。立体的に骨格を組み,周りは自由に飾っていく。

④同様の手順で,全身の衣装を作っていく。

⑤使うのは新聞紙とテープのみで,はさみは使わない。ちぎる・丸める・折るなど,各自のアイデアで自由に作ってよい。

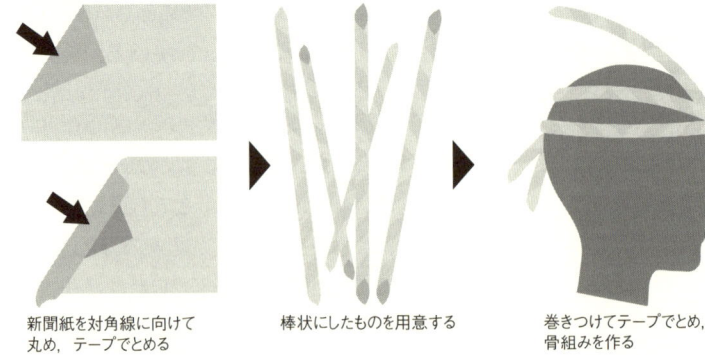

新聞紙を対角線に向けて丸め,テープでとめる　▶　棒状にしたものを用意する　▶　巻きつけてテープでとめ,骨組みを作る

!Point 108ページ参照

課題4　照明で衣装を映し出す

①衣装が出来上がったら，各グループのモデル役は前に出る。
②スクリーンと，照明装置（OHP，フットライト等）を用意する。
③モデル役に照明を下からあて，影絵のようにスクリーンに影を映す。
④モデル役は，教室を1周して全員の前を歩き，スクリーンの前に戻って1回転して衣装の前後を見せ，その登場人物のしぐさなどをする。
⑤参加者はモデル役の衣装と，影から感じる登場人物の特徴を見合う。

シーン3（45分）

　いすを1脚用意し，進行役はその前に立ってナレーションを始める。ナレーションに合わせて，進行役はリア王として玉座に座り，ケント役（モデル役）がひざまずいてリア王の後ろに控える。ケントは王国の地図に見立てた新聞紙を手に持つ。

	N　さて，リア王は，すべての財産と土地を3つに分け，娘たちにあとを継いでもらうことを決めました。リア王は，なかでも一番かわいがっている末娘のコーディリアに，少し多めに，一番肥えたよい土地を与えようと考えていました。
	王の退位とあとつぎを知らせる儀式を行うために，貴族をはじめすべての人々を呼びよせました。儀式では，全国民に「新王国誕生」のおふれを出さなければいけません。リア王が退位してしまったら，国が2つに分かれて戦争が始まるのではないかといううわさも流れ，人々はとても不安になっていました。
TiR：いすに座る TiR：ケントに王国の地図（新聞紙）を持ってくるように命じ，おもむろにその地図を広げ，みなの前で3つに破いてみせる	人々が集まった大広間に，リア王がさっそうと入ってきました。王は玉座に座ると，王国の地図を広げて，人々の前で3つに引き裂きました。そして3人の娘たちを呼び，「一人ずつ前に出て，父親であるわしのことをどのくらい愛しているか，皆の前で申してみよ」と言いました。
TiR：3分の1に破いた地図を1枚持ち上げて参加者に見せる	長女のゴネリルは，リア王をおだて，「愛するお父様のためならどんなことでもできます。お父様は太陽の光よりも尊く，心から敬愛しています」とうそを並べ立てました。リア王は機嫌をよくして，ゴネリルに国の3分の1を与えました。次女のリーガンは，「私はお姉様よりもずっとお父様のことを愛しています。お父様がいなくては私の人生はありえません」と，やはり思ってもいないことを言いました。リア王はさらに機嫌がよくなり，リーガンにも国の3分の1を与えるのでした。
TiR：もう1枚の3分の1に破いた地図を持ち上げて参加者に見せる	最後に，末娘のコーディリアが進み出ました。コーディリアは心から父のリア王を愛していましたが，何も言葉になりません。「お姉様たちのようにお父様をほめたたえるようなことはできません。ただ，子としてつとめのままに，お父様を愛しているだけです」と言いました。その場にいるリア王以外の人々は，コーディリアがいつも父のリア王を心配し，心から慕っていること，姉2人は何もせず，口先だけだということは，よくわかっていました。

コーディリアの言葉に，リア王はがっかりしました。一番かわいがっていた末娘が，期待したとおりの言葉を言わなかったからです。リア王は，「お前はまだ若い。若気の至りとして，もう一度チャンスを与えるから，どのくらいわしを愛しているか言ってみよ」と言いました。しかし，コーディリアはただ，「私は真実を言っているだけです。お姉様たちのようなことは言えません」と言うばかりでした。それを聞いたリア王は怒り，コーディリアに与えるつもりだった残りの一番よい土地を2つに分け，ゴネリルとリーガンに与えました。そして，コーディリアをこの国から追放するように命じました。

　これを聞いたケントは黙っていられませんでした。一歩前に出てリア王に忠告します。「陛下のお考えは非道であります。このコーディリア様こそ，陛下のことを最もお慕いしていらっしゃるのです！」

　しかし，それはリア王をますます怒らせてしまいました。「陛下はそれがわからないほど，年をとられてしまったのですか？」とケントが続けて言うと，リア王は「黙れ！　あとひと言でも口をきいたら，お前も国から追放する！」と叫びました。ケントは「陛下！」と言いかけましたが，そのひと言で国外追放となってしまいました。リア王は，コーディリアとケントの2人が，明日までに国を出ていなければ処刑するという命令を下しました。

　わずかの間に，リア王は最愛の娘と，一番の親友という，王のことを一番愛していた2人を，自分の手で失ってしまったのでした。

課題5　グループごとに場面をつくり，せりふを考える

①衣装を作った登場人物のグループに分かれる。
②グループのなかで，衣装を着けたモデル役が，その登場人物を演じ，ほかの人は，おつきの召使い役になる（グループの人数が多い場合，実際におつきを演じる人数は2～3人とし，そのほかの人は宮廷にいる人々を演じる。詳しくは，課題6を参照）。
③登場人物の設定や状況，特徴をグループ全員で考える。登場人物とそのおつきが，国王の前でどのようにふるまい，どのようなせりふを言うのかを話し合って決める。このせりふは「自分をどれだけ愛しているか言ってみよ」というリア王の質問に対する答えである。つくったせりふは書き出しておく。状況を変えなければ，自由につくってよい（例えばゴネリル役のせりふは，リア王へのおせじであれば，どんな言い方をしてもよい）。
④また，各登場人物は，どんな歩き方で玉座の間に入ってくるのか，おつきはどうやってついてくるのかも考えて，実際に練習してみる。

> 進行役は各グループで役の設定が進んでいるかを見て回り，必要があれば手助けする。また課題9で使う王国の地図（模造紙等に簡単な地図を描く）を用意しておく。

課題6　場面設定や構成を考える

①まず，進行役はシーン3のナレーションを行い，次の設定を説明する。
・これから，全員でシーン3を再現する。進行役は，リア王を演じる。
・ゴネリル・リーガン・コーディリア・ケントの各モデル役は，それぞれのおつき2〜3人と，玉座の間に呼ばれるのを待っている。
・ほかの参加者は，宮廷に集まった人になり，玉座の間でリア王たちを待っている。

②進行役はリア王として玉座の間に入ろうとする動作をする。そこで，「リア王はどのように歩いてくるだろうか」と参加者に聞く。参加者が挙手して何人かが実演する。

③リア王，3人の娘，ケントが，どこに座る（立つ）かを話し合って決め，その位置にいすを置く。また，入場の順番も話し合っておく。BGMの準備があれば，音楽をかける係等も決めておくとよい。

課題7　演技

①課題5，6の設定をもとにシーン3を全員で再現する。課題6の設定どおりに，全員が待機する。

②進行役はナレーションをし，それに合わせてリア王（TiR）や王女たちが玉座の間に入場する。入場してきたら，宮廷に集まった人々は，課題1のおじぎで迎える。

課題8　5役以外の役をつくる

課題7の発展である。入場したところでシーン3をいったん止め，課題7に下記のような要素をつけ加え，人間関係や物語を深く理解する。
・玉座の間で待っている人々はどんなうわさをしているのか
・リア王退位後，どのような国になってほしいと思っているか

課題9　シーンを通して実践する

①あらためて，シーン3を通して演じる。進行役はTiRでリア王として参加者に対応する。

②課題6〜8で決めたとおり，玉座の間の人々はうわさをする。そこへリア王や王女たち，ケントが入場し，リア王以外はケントにおじぎをする。

③入場が終わったら，リア王（進行役）は玉座に座る。ケントから地図を受け取り，全員の前で地図を広げ，次のせりふを言う（大意が合っていれば，言いやすいように変えてよい）。

> リア王「皆の者，よく聞くがよい。私は老いたこの身から，国事のわずらいや責務のことごとくを振り払い，若い世代の力に一切を託したいと思う。身軽になり，心静かに余生を送りたいのだ。ついては，わが娘たちに財産と土地を分け与えたいと思う。娘たちよ，お前たちのうち，だれが一番私のことを愛しているか，皆の前で申してみよ」

④進行役がリア王として順に王女役を呼ぶ。王女役とおつきは，課題5

で考えたせりふなどをそれぞれ言う。

ゴネリル（例）「私はお父様のことを，この空に散らばる星よりももっと多く，愛しております」

リーガン（例）「私はお父様のことを，お姉様よりもずっとずっと愛しております。お父様への愛は空よりも高く，海よりも深いのです」

コーディリア（例）「私はお父様を愛しています。それしか言えません」

⑤最後のコーディリアとケントの追放までを演じる。途中で参加者から疑問が出たりしたら，それに答えたり，やり直したりしてよい。つくり直していくなかで，よりドラマチックになるように工夫する。

課題10　物語の続きをつくる

①いままでのグループを解散して，5～8人のグループをつくる。

②各グループごとに，「この続きがもっとも気になる人物はだれか」を考える。考える材料として，下記のような例をあげるとよい。

・国を追放されたコーディリアとケントは一緒にどこかへ行くのか
・ゴネリルとリーガンは次にどんなことを企んでいるのか
・リア王は愛する者を自ら追放して，この後どうなるのか

③各グループごとに，物語の続きを1～2分の劇にする。進行役は，原作はこの先も続いており，シーン3だけで終わらないことを伝えておく。各グループで話し合ったことはノートに書く。進行役は各グループを見て回り，内容や方向性を確認し，必要があれば助言する。話の筋がだいたい決まったら，実際に動いて演じられるように練習する。

④つくった劇を，全員の前で1グループずつ発表する。

⑤最後に，進行役は，リア王の物語と参加者の日常生活との共通点を探り，次のような質問をする。

・（リア王とコーディリアの劇中の関係から）「もしも，自分が本当にお父さんを愛していたら，本当の気持ちを伝えますか？　わかってもらえなかったときはどのように表現しますか？」

・（リア王とケントの劇中の関係から）「本当の友達に自分の誠意や伝えたいことが伝わらなかった経験がありますか？　そんなときはどうしたらよいのでしょうか？」

⑥参加者それぞれで考える。進行役は，少し時間をとったら，何人かを指名して答えを聞く。必要に応じ，感じたことを文章にして提出したり，グループや全体で話し合ったりしてもよい。

この物語の手引きと背景
King Lear Context

🏷 プレ・テキストの概要と成立の背景

　このプレ・テキストは，シェイクスピア作『リア王』の第一幕第一場をもとにつくった。シェイクスピアは，12世紀の民話をもとに，『リア王』を書いたとされる。物語は，老王が，財産やすべての権力を娘たちに譲ろうとするところから始まる。条件として，娘たちに，公の場で国王への愛を宣言させようとするが，この自己満足のためのごうまんな思いつきのせいで，わずかの間に，自分を一番愛していた末娘と，親友でもあった忠臣という大切なものを失い，すべての財産も失う。

　原作『リア王』では脇役も思惑をもち，あとでそれが生きるよう，あらかじめ性格や行動を表す伏線をたくみに張っていることに驚かされる。プレ・テキストではこれらの脇役はカットしたが，参加者がいろいろな役を自分で考え，つくり，演じる機会を課題8につくった。

　私たちが日本で最初にワークショップを行ったのは2000年である。その際，「リア王」をイギリスの伝統，歴史，帝政社会を紹介する主要材料として用いた。この物語はイギリスの演劇を紹介するのに適している。私たちは，黒澤明が『リア王』をもとにつくった映画「乱」を見て，非常に面白い作品に仕上がっていることを知っていたので，同じ原作のプレ・テキスト「リア王」も日本で受け入れられると思った。

🏷 プレ・テキストにおける隠喩

　このプレ・テキストでは，対象者によって焦点の当て方を変えている。対象者に合わせて課題や進行方法を変え，参加者のおかれている状況と結びつけて実践する。

思春期：「娘と父親の関係」（思春期の親子関係）
小学生：「本当の気持ちを，正直に親に話せるか」
女子刑務所：「3姉妹の力関係」
高齢者：「老いることや世代交代について」
社会人（特にビジネスにかかわる人たち）：「権力と責任について」

　また，プレ・テキストに書かれていない王の過去が，最大の隠喩となっている。黒澤明が「シェイクスピアの『リア王』は，登場人物のその過去を描いていないことがリア王自身の問題である。だから『乱』の中ではわざと過去を描いてみた」と言ったが，原作にないリア王の過去の事実が隠喩となる。リア王の過去を考えさせることで，参加者に，プレ・テキストと身近な問題の接点を見いだし，考えを深めさせる。その場合，下記のようなことに焦点をあてて考えさせるとよい。

・リア王の妃はどんな人で，どうしたのか。
・もし物語に王妃が登場していたら話の展開はどう変わったと思うか。
・どうして，リア王には末娘の真実の言葉が理解できず，2人のうそを信じてしまったのか。
・リア王はどうして親友の言うことに耳をかさなかったのか。

実践のポイント

全体の進め方： このプレ・テキストのように，外国の物語や，古典的な劇，時代設定が想像しにくいものなどをプレ・テキストにする場合，物語を象徴するゲームやアクティビティを冒頭に行う。そうすることで，参加者の心理的抵抗をやわらげ，むずかしいという先入観を興味に変え，登場人物や設定等をわかりやすく紹介できる。

課題3： 衣装作りは，登場人物をイメージし，表現する手法の1つである。グループで話し合い，積極的に意見を出しながら行える共同作業となる。参加者は，衣装を作る作業で登場人物について深く考え，身近に感じ，自然に物語にとけこむことができる。そのため，進行役から，登場人物について，あらためて説明する必要がない。複雑な人間関係や展開の物語を行うとき，短時間で理解するのがむずかしい参加者もいるが，この作業を行うことで物語を理解しやすくなる。作業はイメージ音楽をかけ，なるべく時間をかけて行うとよい。

とくに子どもと行う場合は，自由に動ける空間で行う。衣装作りは遊びに近い感覚があるが，安全に配慮し，統一がとれるようにする。作業の初めは，気分がのらなかったり，私語が増えたりするが，できるだけ全員で協力して，時間内に作品を仕上げられるよう，進行役以外に，各グループにTTなどの協力者がいるとよい。

課題4： スクリーンに投影することで，ただ衣装を見せるより衣装の特徴を強調でき，参加者たちは楽しんで鑑賞できる。互いの衣装のよさを認め合いやすくなる。本プレ・テキストでは，登場人物の特徴や立場，考え方や生き方の違いを学び合うことができる。つまり，衣装にこれらが象徴として表現される。

発展的活動

物語の背景や続きを考えるテーマは，下記のようなものも考えられる。

・うそを言うべきか，本当のことを言うべきか。黙っているべきか。
・自分の利益になるように，人におせじを言ったりおだてたりしてもよいのか。
・権力と責任の関係とはどんなものか。
・真の友情はどうやって見つけるのか。
・親は子どもにどんなことを期待するのか。子どもは親の期待をどのように感じるのか。
・きょうだいとはいつも競争するものなのか。
・若い人は高齢者をどのようにいたわればよいのか。
・人生が一瞬にして変わってしまうことはあると思うか。

ワークショップ参加者の声

- 劇では，コーディリアとケントは追放されてしまってかわいそうでした。このあと，どうなるのか，続きが読みたくなりました。（参加者・小学生）

- 新聞で衣装を作ったりその衣装を着てお芝居をしたり，姉2人と妹は昔からあんな人だったのか何かきっかけがあったのか考えたりしました。私はこんな授業が初めてだったから，とても楽しかったです。そして，今日の授業でお芝居をするのはとてもむずかしいことだけど，とてもおもしろくて楽しいことなんだと思いました。いままでクラスで劇をやったりしても，いつも，私はスタッフになることが多かったけど，今度は何かの役をやってみようかなと思いました。（参加者・小学生）

- 今回のワークショップを通し，リア王ワークショップから多くのことを教わりました。学校で習い，教えられる勉強よりも，この人物はこの時どんな気持ちだったのか，そして，どうしたいのかなどを登場人物になりきって考えるということはすばらしく，とても大切なことだと思いました。これから先，人間のコミュニケーションをつくり上げていくには人の気持ちになって考えるということが重要だと思いました。自分でもう一度物語をゆっくり考えてみました。コーディリアは姉が土地や財産がほしいばかりにうそをついていることを感じており，姉とは違い土地も財産もいらないから私が父を愛しているということを心から知ってもらいたかったのではないでしょうか。（参加者・小学生）

- ワークショップに参加して，「ひと言でその人の人生が変わってしまうことがある」ということを知りました。なのでこれからそのひと言を大切にしていきたいと思います。（参加者・中学生）

Pre-text 05 羅生門
The Gates of Rashomon

このプレ・テキストで学べる要素

大きなテーマ
・勇気や自信をもつとはどんなことか，どうしたらそれをもてるのかを学ぶ。
・立ち直る力や回復，自信について考える。
・羞恥心，不名誉がどのような影響を生じるのかを考える。

社会的スキル
・即興で協力して1つのものをつくることができる。
・自分の感じていることを人に伝え，意見交換ができる。
・感情移入することができる。
・問題解決の方法を考えることができる。

ドラマ／演劇的スキル
・動きと静止のテクニックを使って緊張感を生み出す。
・劇を見せる過程で，プレゼンテーションの方法を学ぶ。
・短いシーンに分けそれぞれの場面をドラマチックに演じていく。

このプレ・テキストのあらすじ

　平安時代の京都に，渡辺という腕自慢の武士がいました。ある夜，仲間うちでの自慢をしすぎた渡辺は，自分がどれだけ強いかを証明するために，人食い鬼が出るといううわさのある羅生門に出かけていくことになってしまいました。羅生門で人食い鬼と戦った渡辺は，鬼の片腕を切り落とし，鬼を追い払いました。これを聞いた都中の人が鬼の腕を見に渡辺のもとを訪れましたが，渡辺は徐々に不安になります。鬼の腕を箱におさめ，じょうぶな鎖をかけてしっかりしまってしまいました。そこへ，渡辺の乳母が，「腕を見せてほしい」とはるばる訪ねてきました。渡辺は断りましたが，乳母の頼みに根負けして，腕を見せてやりました。途端に乳母は人食い鬼に変わり，自分の腕を取り返すと，渡辺の利き腕をもぎとって去りました。一瞬の油断のせいで，渡辺は，名声と武力を一度に失ってしまいました。

プレ・テキストの構成とねらい

コントラクト			想像力をはたらかせて，昔の京都に起こった事件を考える。
事前エクササイズ			スローモーション鬼ごっこ：ゲームを通じて，鬼の出現や捕まる恐怖などを理解し，ドラマ活動にスムーズに移行する。
本体ドラマ	シーン1	課題1	状況について考える 参加者全員が物語を理解し，話の展開に興味をもつ。
		課題2	フィジカルシアター 協力し合い，全身を使って即興で1つのものをつくる体験をする。
		課題3	発表 発表を見て自分が感じたことを人に伝え，意見を交換できる。
	シーン2	課題4	2人組で武士同士の自慢話をする 自慢話を考えることで，自分の語る内容に感情を込めて相手に伝えることができる。
		課題5	皆の前で発表 発表を見て自分が感じたことを人に伝え，意見を交換できる。
	シーン3	課題6	場面を演じる 演じる体験を通し，自信をもつとはどんなことか，どうしたらそれをもてるのかを考える。
		課題7	発表 発表を通して，自分が考えたことを相手に伝える方法を学ぶ。意見交換の大切さを知る。

	シーン4	課題8	即興劇 短い場面を続けて演じることで，物語の状況を把握し，理解する。
	シーン5	課題9	インプロ 即興で登場人物を演じることで，瞬発力と考え方の柔軟性を身につける。
	シーン6	課題10	即興劇，パントマイム 即興で登場人物を演じることで，瞬発力と考え方の柔軟性を身につける。職業を考える。
		課題11	質問を話し合う 登場人物の心配事を考え，話し合うことに託して参加者自身の心配事を周囲に語る。
	シーン7	課題12	お願い事を考える 問題解決の意見を出し合い，意見を聞き合う。どうすれば願いが伝わるのかを考える。
	シーン8	課題13	登場人物について考える 主人公の特徴や人格を考えることで，どう行動するべきだったのかを考える。
		課題14	過去のイメージを動作で表現する 失敗がどんな影響を生じるのかを考える。立ち直る力や自信快復について考える。
		課題15	質問と話し合い 実生活で起こりうることを考えることで社会を知る。
		課題16	即興劇 最後のシーンを演じることで，状況が一転した人物の心情を考え，どうするのが最適かを考える。逆境に学ぶ。
		課題17	物語の続きをつくる 物語の続きを考えることで，想像力を養う。

コントラクト

> 「羅生門」は平安時代，京都にあった大門でした。その後，本や映画のタイトルになって世界的に有名になりました。今日活動する物語は，中世に書かれた説話（昔話）までさかのぼります。今日は，想像力をいっぱいはたらかせて，昔の京都に起こった事件を考えていきましょう。

事前エクササイズ

スローモーション鬼ごっこ

①参加者の1人が鬼になり，ほかの人を捕まえる。ただし，できるだけゆっくり，スローモーションで鬼ごっこをする。介助が必要な人は介助者と一緒に動く。動けない人はその場で座ったままでよい。

②捕まったら，「あああぁ……」と声を上げながら回転し，鬼に食べら

れる動作をする。
③食べられたら鬼の体の一部となる。鬼につながって次の人を捕まえる。
④人を捕まえるたびに，だんだんと鬼が重く・大きくなる。食べられた人がつながった状態で鬼ごっこを続ける。鬼本体の人はつながっている人の状況を考えながら動く。

本体ドラマ

◆進行役の役割
・ドラマ進行
・ナレーション（Nと略）
・ティーチャー・イン・ロール（TiRと略）：襲われる住人，渡辺，乳母（3役）

◆準備物
・人食い鬼をイメージした音楽（CD例：『ゴジラ The Album』より「Brain Stew [The Godzilla Remix]」）
・ハンカチ
・CDプレーヤー

シーン1（10〜15分）

進行役：生暖かい強烈な悪臭を背後から吹きかけ，太い毛むくじゃらの腕でえものを引きずっていく人食い鬼の様子をナレーションに合わせて行う。

N　昔々のお話です。当時の都，京に住む人々が，夜も眠れないほど恐れていることがありました。夕暮れになると，山から恐ろしい大きな人食い鬼が下りてきて，羅生門の辺りをうろつき，えじきを探すというのです。羅生門は，都と外をつなぐたった1つの出入り口で，鬼はそこを出入りする人を待ち伏せているのでした。この鬼は，音も立てずに人の背後に忍び寄ると，生暖かい悪臭を吹きかけ，太い毛むくじゃらの腕で山の中まで引きずっていき，引き裂いて食べてしまうというのです。人々はこのうわさを聞いて，家に鍵をかけ，羅生門を通って都の外へ行こうとしなくなりました。

つい2日前には，羅生門の裏手に住む一家が襲われました。人食い鬼は古いそまつな家をばらばらに壊し，かまどや布団の中に隠れていた人を引きずり出して食べてしまったのです。助けを求める叫び声は都中に響き渡りました。人々は，明日はわが身とおびえています。

今日もお腹をすかせた人食い鬼は，羅生門で人を待っています。

課題1　状況について考える

①進行役は，「この話から，人食い鬼について，どんなことがわかりますか。都に住む人々は，どんな状況なのでしょうか」と質問する。
②参加者全員で次の状況について考え，となりの人と話し合い，即興で動いて自由に表現してみる。

- 音を立てずに人食い鬼がやってくる様子
- 人食い鬼に生暖かい息を吹きかけられて，人々が鬼に気づく様子
- 2本の長い毛むくじゃらの手に，住人が捕まえられた様子
- 捕まった人々が山に連れていかれて食べられてしまう様子

課題2　フィジカルシアター
①5～7人のグループをつくる。
②体を使って，全員で1体の人食い鬼になる。「家を襲い，えじきを見つけ，山のすみかまで引きずっていく場面」を各グループで話し合って創作する。せりふは入れても入れなくてもよい。
③進行役がTiRで襲われる人（えじき）になる。鬼がどこでえじきを見つけ，どのように連れていくのかは，グループごとに進行役に伝える。

課題3　発表
①課題2のグループ創作を，1グループずつ全員の前で発表する。
②発表し終わったら，見ていた人は，それぞれのグループの鬼についてどう感じたかを発表する。
③意見交換が終わったら，進行役は「『人食い鬼＝この世の中で一番恐れているもの』と考えて自分の生活におきかえると，何になりますか」と質問し，参加者の数名を指名して答えを聞く。

シーン2（3分）

> N　都をひと山越えたところに，戦に強く，この辺り一帯を牛耳っている武士たちが住む城がありました。ちょうど，うたげの真ったたなかです。この前の戦の手柄の数々や，苦戦したこと，敵のことなどを，酒をくみかわしながら話しているところでした。皆，あぐらをかき，酒を飲み，ご馳走を食べ，お膳を囲んで上機嫌です。
>
> そのうちに，いつもの自慢話が始まりました。自分はどれだけ勇敢で，どれだけすばらしい戦いをして，どんな敵を討ち取ってきたのか，皆大げさに自慢するのです。それが一晩中続きました。

Point 122ページ参照

課題4　2人組で武士同士の自慢話をする
①2人組になり，2人とも武士役になって，自慢話をする。
②自分がどれだけ勇敢に戦い，どんな手柄をあげたか，倒した敵はどのくらい手強かったかなどを，交互に話す。
③自慢話は，だんだん大げさに，エスカレートするまで続ける。

課題5　皆の前で発表
①課題4の2人組を何組か選ぶ。選ばれた2人組は全員の前で演じる。

シーン3（10分）

	N	うたげもたけなわというときに，頭領の武士の1人が言いました。
TiR：声のトーンを変えて武士1のせりふを言う	武士1	「都に毎晩現れるという，人食い鬼の話を聞いたことがあるか。なんでも，闇にまぎれて羅生門に隠れ，えものを待ち伏せているらしいぞ。うわさでは，100人の武士が束になってかかってもかなわない力をもっているそうだ」
	N	こちらも腕自慢の武士，渡辺が笑って言いました。
TiR：渡辺になり，貫禄のある落ち着いた低い声でせりふを言う	渡辺	「わしは，それは都のうわさで，本当は人食い鬼なんかいやしないと聞いているがね。まあ，もし人食い鬼が本当にいたとしても，わしなら1人で退治する自信があるとも」
	N	その言葉を聞いて，一同は静まりかえりました。渡辺のひと言は，彼の人生を大きく変えることになるのでした。
TiR：渡辺として，馬にまたがり出かけていく動作をする		さきほどの武士が「それは頼もしい」と言い，別の武士が「それじゃ，お前がどれだけ勇敢なのか試そうじゃないか。これから羅生門に行ってこの布を門に結んできてみろ」と言い出しました。その案に，ほかの武士も大賛成です。渡辺は，勇敢さを証明するために，真夜中，1枚の布を持って出かけることになりました。
		渡辺を見送った仲間たちは，渡辺は少し自慢しすぎたと思いました。また何人かは「渡辺は人食い鬼に食べられて，二度と戻ってこないだろう」とまで思いました。
TiR：ナレーションに合わせて渡辺の動作をする	N	その晩は満月でした。月は，山を越えて都に急ぐ渡辺を白く照らしていました。渡辺は，酔っていたとはいえ，どうしてこんなことになってしまったのか，自慢が過ぎた自分をうらめしく思いましたが，いまさらあとには引けません。
		いよいよ，羅生門に到着しました。辺りにはだれもおらず，門の脇は高い壁ではりめぐらされています。渡辺は馬から下り，ゆっくりと羅生門に近づきました。月夜に照らされて何か動くものがあるように見えましたが，近くの家の灯りが揺れただけで，鬼ではありませんでした。
		「なんにもいないではないか！」渡辺は，ほっとしてそう言いました。そして羅生門の下に立ってみました。「思ったとおりだ，人食い鬼なんているわけがない。やっぱり作り話だったんだ」渡辺は，持ってきた絹の布を取り出し，門に結びました。

TiR：渡辺として，人食い鬼に羽交いじめにされて，争っている動作を，鬼がいると仮定しながらする	と，渡辺が油断したその瞬間，背後から生暖かい吐息が吹きかけられたのです。はっと気がついたときは，渡辺は人食い鬼の巨大な腕で羽交いじめにされていました。

渡辺には腕力もあり，敵を投げ飛ばす技もあるのですが，あまりの力に身動きができません。渡辺は，やっとのことで刀を抜き，背後の敵に振り下ろしました。叫び声と共に力がゆるんだので，渡辺は腕を振りほどきました。

ようやく鬼を正面から見すえて，渡辺は驚きました。背は羅生門より大きく，その腕や足は頑丈で，びくともしそうにありません。 |
| TiR：渡辺として，人食い鬼と戦う動作を参加者に見せる。大げさに刀を交わしたり，鬼の攻撃をよけたりする。最後には，疲れきってへとへとになった動作をする

TiR：渡辺として，最後の力で刀を振り下ろす動作をする | 渡辺は力一杯戦いました。戦いは長い間続き，渡辺はへとへとに疲れきってしまいました。そして最後の力を込めて，振り向きざまに刀を振り下ろし，そのまま地面に倒れてしまいました。 |
| | 同時に，「グアァー」という地響きのような音がしました。渡辺はしばらく立つこともできませんでしたが，奇妙なことに気がつきました。倒れているのに，鬼が襲ってこないのです。

顔を上げてみると，鬼がいたはずの場所に，大きな木が月の光に照らされて立っていました。しかし，そこには木など生えていなかったはずです。渡辺は立ち上がり，木の側に寄ってみました。

それはなんと，人食い鬼の巨大な片腕だったのです。渡辺の最後のひと振りが，鬼の腕を切り落としたのでしょうか。辺りに鬼の姿はありませんでした。渡辺は勝ったのです。渡辺は疲れを忘れ，大喜びで鬼の腕を馬に乗せ，仲間の待つ城に持ち帰ることにしました。 |

課題6　場面を演じる

①全体を6つのグループに分ける。人数は何人でもよい。
②シーン3の各場面（下記参照）をつくる。各グループが1場面ずつつくる。進行役が割り振っても，参加者が選んでもよい。
③創作時間は1〜2分。場面は30秒以内とする。動きやせりふをつけても，静止画でもよい。
・渡辺が馬に乗って真夜中の羅生門に到着する。
・鬼がいないことを確認し，ほっとして布を門に結ぶ。
・鬼が現れ，羽交いじめにされる（鬼は課題2と同様に表現する）。
・戦いの末，力尽きてもうだめだと思う。

・顔を上げると，目の前に鬼の腕を見つける。
・馬に鬼の腕を乗せて，大喜びで城に帰る。

課題7　発表
①各グループ，場面がつくれたら，シーンの順に全員の前で発表する。
②見ている参加者は，場面の要素が含まれていたかを意見交換する。

シーン4（5分）

TiR：渡辺として，自慢げに胸を張って城に入っていく動作をする	N	渡辺が城に戻ったとき，ほかの武士たちはぐっすり眠っていました。そこで，渡辺は大きな声で叫びました。
	渡辺	「いま戻ったぞ！　わしは人食い鬼と戦って勝ったのだ。鬼はもう二度と現れないはずだ」
	N	武士たちは眠い目をこすりながら起きてきました。最初は渡辺の勝利を信じませんでしたが，渡辺が持ち帰った巨大な鬼の腕を見ると，皆，ひどく驚きました。ようやく渡辺が勝利を収めたことがわかると，皆，渡辺の勝利をたたえ，勇敢で偉大な武士だとほめちぎりました。そして，興奮して祝いのうたげを始めたのでした。

課題8　即興劇
①課題6と同じグループで，グループごとにシーン4をつくる。進行役は，次の点を骨組みとし取り入れることを参加者に伝える。
・馬に乗った渡辺が城に戻ってくる。
・皆を起こし，勝利の品を見せびらかす。
・武士たちが驚く。
・渡辺を偉大な武士としてほめたたえる。
・祝いのうたげをひらく。

シーン5（2～3分）

	N	武士たちがうたげをおひらきにして，もう一度眠るころには，夜が明け始めていました。渡辺のうわさは，朝のうちに都のあちらこちらに伝わりました。お昼前には，偉大な武士と，鬼の腕をひと目見たいと，人々が城に押し寄せてきました。渡辺は鬼の腕の横に立ってふんぞりかえり，人々は渡辺と鬼の腕をじっくりながめては，口々に「ありがとうございます。これでゆっくりと休むことができます」と渡辺にお礼を言い，深々とおじぎをするのでした。

> インプロについては，P.179参照

課題9　インプロ
①参加者から3～4人を選び，住人役になってもらい，城に鬼の腕を見に来た場面を即興でつくる。住人たちは腕を見て驚き，渡辺にお礼を言って出ていく。進行役がティーチャー・イン・ロールで渡辺を演じる。

シーン6の1（5〜8分）

> N　それから1か月と2日が過ぎましたが，渡辺と鬼の腕を見たいという人は毎日訪れ，城の周りにはいつも長い行列ができていました。あまりにも大勢の人がやってくるので，渡辺は国中の人が自分の手柄をたたえているような気がしてきました。自分は，国中で一番強くて，有名な武士だと自慢したい気持ちでいっぱいです。しかし，同時に不安にもなるのでした。
>
> 渡辺　「もし，鬼が腕を取り戻しに来たらどうしよう。……そうだ，腕をどこか安全な場所に隠して，鬼が来ても持っていかれないようにすればよいのだ！」
>
> N　そこで渡辺は，この辺りで一番の腕利き大工を雇い，鬼の腕が入るような頑丈な木の箱を作るように命じました。
>
> それから，有名な鍛冶屋を呼んで，頑丈な太い鎖を特別に作らせ，箱の上から巻き付けると，特別に作らせた鍵をかけました。渡辺以外が決して開けられないようにしたのです。
>
> さらに有名な細工師を呼び，箱の上に鬼と戦った日づけと，渡辺の勝利を記念する言葉を彫り込みました。箱には美しい飾りをほどこしました。こうして，渡辺の勝利をたたえる，鬼の腕の入れ物ができあがりました。

課題10　即興劇，パントマイム

①シーン6を，全員の前で演じる有志を募る。
②参加者の5〜6人が，腕利きの大工役を演じる。大工役たちは，頑丈な木箱を作る様子を，無言の動作で表す。
③参加者の2〜3人が，有名な鍛冶屋役を演じる。鍛冶屋役たちは，頑丈な鎖を作り，箱に巻き付ける様子を，無言の動作で表す。最後に，渡辺が特別な鍵をかける。渡辺は，TiRで進行役が演じる。
④参加者の2〜3人が，有名な細工師役を演じる。細工師役たちは，勝利をたたえる記念の言葉を彫り，色を塗って，箱を飾りつける様子を，無言の動作で表す。

シーン6の2（1〜2分）

> N　こうして，箱に鬼の腕をしまってしまうと，渡辺はほっと胸をなでおろしました。そして，箱の横でゆっくりと眠ることにしました。

課題11　質問を話し合う

①進行役は，「どうして渡辺は腕が入った箱の横で眠らなければいけないのでしょうか。彼は何を心配しているのでしょうか」と質問する。
②参加者は，近くにいる人と話し合い，どんな心配事があるのかについて，意見を交換する。

シーン7（5～8分）

TiR：腰を曲げ，スカーフをかぶって老女に扮し，声色を女性らしく変える	N	箱が完成して7日後の夜，城に渡辺を訪ねてくる者がいました。家来が戸を開けると，年老いた女が立っています。女が「ぜひひと目，鬼の腕を見たい」と言うので，家来は渡辺に伝えました。渡辺は，「箱に鍵をかけてしまったのだ。見せることはできぬと伝えろ」と答えました。そう言われた家来は，戸口に戻って「もう少し早く来ていたら，お見せすることができたのですが，遅すぎました。お引き取りください」と言いました。しかし，女はこう言いました。
	老女	「渡辺さまは私を覚えていると存じます。私は渡辺さまがまだ幼いころ，お世話をさせていただきました乳母でございます。若様は，きっとお目にかかってくださると存じます」
	N	家来からそれを聞いた渡辺は，喜んで乳母を自分の部屋に通すように命じました。しかし，「たとえ乳母であろうと，この箱を開けることはできぬ」と，断りました。老女は「年老いた乳母がこんなにお願いしておりますのに」と涙ながらに訴えましたが，渡辺は「いや，何と言われても開けるわけにはいかぬ。何より，この鍵は簡単には開けられぬように作られておるのだ」とかたくなに断り続けました。
		乳母は，あれこれと懐かしい話をしながら，何とか見せてほしいと何度も頼みます。「若様，老い先短い乳母の，一生のお願いでございます」と言われ，とうとう根負けした渡辺は，鬼の腕を見せてあげることにしました。

課題12　お願い事を考える

①4～5人のグループに分かれて，「どのように頼めば，乳母は渡辺に腕を見せてもらうことができると思うか」を話し合う。
②グループのうち1人が乳母役になり，残りの人が渡辺役になる。乳母役は，考えて渡辺に頼み込んでみる。
③全体から有志1人が，乳母役になる。進行役が渡辺役になる。
④乳母役は，渡辺役を何とか説得して腕を見せてもらおうとする。ほかの参加者はそれを見る。
⑤どのような言葉を選んだら，渡辺が応じてくれると思うか，参加者全員で話し合う。

シーン8（20～45分）

TiR：スカーフを取り，鬼に変わった動作をする	N	渡辺は鍵を開け，鎖をはずし，箱のふたをゆっくりと開けました。そして腕が見えた途端，乳母はその腕をわしづかみにして取り出しました。小さな乳母の体はどんどん大きくなり，またたく間に，羅生門で戦ったあの人食い鬼の姿に変わったのです。

TiR：渡辺として，利き腕をなくして苦しむ動作をする

> 鬼はつかんだ腕を自分の体にくっつけると，天井を破り，辺りのものを蹴散らしました。鬼は乳母に化けて，腕を取り戻しに来たのです。そのうえ，あっけにとられている渡辺の利き腕をもぎとると，笑いながら山に帰っていったのです。
>
> あとに残された渡辺は，利き腕を失い，戦で戦うことも，刀を持つこともできなくなりました。あれだけたたえられた武士が，たったひとときで，何の力もない武士になってしまったのでした。

課題13　登場人物について考える
①進行役は，模造紙に渡辺の人物像（人型の輪郭）を書く。
②進行役は，渡辺は一体どういう人だと思うか，参加者が感じたことを聞く。参加者から出た意見は，人物像の横に書き込む。

課題14　過去のイメージを動作で表現する
①4〜5人のグループになる。
②グループで，「渡辺はこの結末になって，過去のどんなことを思い出しているのか」「今後についてどう考えているのか」を話し合い，3種類の動きをつくる。せりふは入れても入れなくてもよい。
③各グループの動きが出来上がったら，全員で輪になる。
④イメージフラッシュという「コンベンション」で，音楽に合わせて1グループずつ動作を繰り返し，各グループの動きを互いに見合う。

イメージフラッシュについては，P.180参照

以下は時間があれば行う。どれか選んで行ってもよい。

課題15　質問と話し合い（オプション）
①進行役は，「一瞬の出来事で渡辺の人生は変わってしまいました。これから渡辺はどうしたらよいのでしょうか」「人生はよいことばかりではありません。ある日突然幸運が不運に変わることが，実際の生活の中でもあるはずです。どんなことが考えられますか。また，そんなとき，自分だったらどうしますか」と参加者に質問する。
②参加者全員で話し合い，お互いに出た例や意見を考えてみる。

課題16　即興劇（オプション）
①6〜7人程度のグループに分かれ，シーン8を再現する。
②各グループで1人が渡辺役になり，残りは全員鬼役になる。
③腕をもぎとられた渡辺が，鬼が去っていくのをどのような気持ちで見つめてリアクションをするのか考え，演じる。ナレーションで物語や気持ちを説明してもよい。
④1グループずつ，全員の前で発表し，見合う。

課題17　物語の続きをつくる（オプション）
①4〜5人のグループに分かれ，渡辺がこの後どのように生活し，どうなったのかを考え，シーンをつくる。
②1グループずつ全員の前で発表し，互いに見合う。

この物語の 手引きと背景 The Gates of Rashomon Context

🏷 プレ・テキストの概要と成立の背景

　このプレ・テキストは，2002年に日本とイギリスの学生が交流したときに，互いにコンプレックスをもたず，言葉や文化の壁を越えて共同ワークショップを行う教材としてつくった。
　そのための面白い日本の題材を探しているときに，Michael Foreman 'The Ogre of Rashomon'（"The Shining Princess and other Japanese Legends" 所収）と黒澤明の映画「羅生門」に出会った。これらを参考に，動きがあり，せりふに頼らない，だれもが理解できる，笑いが起こるようなダイナミックな教材をつくりたいと考えた。
　この話は，どこにでもいるタイプの人間（渡辺）が，度の過ぎた自慢話をし，それを証明するために危険にわが身をさらしてしまう。いったんは運よく難を逃れて努力が報われる。しかし，彼は徐々に不安にかられて地位を保とうとするも逆襲され，一瞬のうちに以前より没落してしまうというものである。
　武士にとって刀を握る利き腕は何よりも大切であり，一瞬のうちにこれを失くすことは考えにくいが，このようなことは実際にありうる。しかもそれは，自分の軽はずみな発言がその発端となっている。
　このプレ・テキストは国際交流の場面だけでなく，物語に登場する，印象的な登場人物などを自分の生活と重複させ，どのように向き合うかを意識的に考える教材でもある。

🏷 プレ・テキストにおける隠喩

羅生門：京都の玄関口であり，人食い鬼が待ち受ける場所である。この間は，生と死を分ける境目も表している。
渡辺：自慢話が過ぎるだけの，どこにでもいるタイプの人間を象徴している。
利き腕：武士にとって刀を握る手であり，何よりも大切なものである。
鬼：人が心の中にもつ異物や，よくないと知っても取り除けない部分のことを表している。
シーン2・3：1度自慢話やうそをつくと，それを正当化するために話がふくらんで収拾がつかなくなることがある。渡辺は軽はずみなひと言から，自分の人生を変えてしまうことになる。
シーン6：渡辺は，ほんとうに鬼を倒したかを心配する。これは，一度得た信頼と頂点の座を失いたくないという欲望から生じる。名誉を守るために試行錯誤する様子も，実生活の隠喩である。
シーン7：乳母に化けた鬼は渡辺の心の弱みを象徴する。人間の弱みを探るシーンである。また，社会的地位を得た渡辺の，生い立ちや幼少の思い出を「乳母」の出現から想像させることもできる。

🏷 実践のポイント

コンベンション「ティーチャー・イン・ロール」：このプレ・テキストでは，「ティーチャー・イン・ロール」が重要である。進行役でナレーションをするときは，絵本や紙芝居を読み聞かせるよ

うに進行する。場面ごとに立ち回りの動作や，登場人物の動きを入れると，参加者に物語の内容がよりわかりやすくなる。

コンベンション「フィジカルシアター」：また，フィジカル・シアターの手法を用いて，短時間で想像力をまとめて見せる共同作業が多い。

課題4：自分をよく見せるための，対話の相手との競争を体験させる。この体験は，のちに自らの言動を省み，気づかせることに役立てられる。

発展的活動

　このプレ・テキストは，高等教育，心身に障害をもつ特別支援学級や，身障者グループ，老人ホーム，更生教育等，幅広く実践できることが研究結果で明らかになっている。フィジカル・シアターで鬼を表現するとき，体を動かすことができなければ，太鼓やタンバリン，鈴などの楽器を使って鬼の歩く音を出したり，不気味な雰囲気を表現したりして何らかの形で鬼づくりに参加するとよい。小さな子どもが対象なら，ナレーションをわかりやすい言葉に変え，課題の数も子どもの実情に応じて減らす。

　参加者の年齢が高く，ある程度の理解が期待できる場合は，以下のような質問や議題をプレ・テキストに加えて話し合いや討論をしてもよい。

・世間の評判とはいったいなんなのでしょうか？
・人に尊敬されることは大切なことですか？
・勇敢とはどんなことですか？
・何かを成し遂げたことは自信につながり，持続して一生それを保てますか？
・私たちはふだん何を怖がっているのでしょうか？
・何かを恐れているとどのような行動に出るのでしょうか？
・立ち直りを早くするにはどうしたらよいのでしょうか？
・この人食い鬼は日本社会で何を象徴しますか？
・不名誉になるとどうなるのでしょうか？
・社会で生きていくためには多くの矛盾や反発があるものですがどのように自分を尊重していけばよいのでしょうか？

ワークショップ参加者の声

・同じクラス内でも，ふだん親しまない人がいます。このような人たちと今日はコミュニケーションが取れ，ふれあうことができたので，ワークショップをまたやりたいと思います。本当に楽しかったです。「友達とふれあって笑い合う」ということは普通にしていることだと思っていましたが，今日はそれが自分にとって結構大切なものなんだなと実感しました。
（参加者・中学生）

Pre-text 06 ザ・ゼ・ゾ
Za・Ze・Zo

このプレ・テキストで学べる要素

大きなテーマ
・家族について
・姉妹同士の力関係のバランスや考え方の違いについて
・自由とは何か。
・欲・得のために何かを失う危険性
・秘密について
・判断力，決断力をもつことはどのようなリスクを伴うのか。

社会的スキル
・共同で作業し，1つの成果物をつくることができる。
・守られてはいるが閉ざされた環境で暮らすことと，新しい世界を知ること，両者それぞれのリスクを話し合うことができる。
・貧富の差がある人々の生活の違いにふれ，価値観を考える。
・自分の意見をはっきりともち，人前で発言できる。
・異なる意見があれば指摘し，それに対する自分の意見を表明できる。

ドラマ／演劇的スキル
・空想の世界を広げることで，無気力になったり，自信を失ったりすることなく生きる方法を学ぶ。
・物語の内容と参加者自身の生活との共通点を見つけられる。
・それぞれが想像する世界をほかの人とも考え，分かち合うドラマ活動を通じて，将来や成長について考える。

このプレ・テキストのあらすじ

　昔,ある国に,ザ・ゼ・ゾという3人のお姫様がいました。3人は父王に愛され,何不自由なく暮らしていましたが,ただ一つ,お城から出ることは許されていませんでした。ある日,お姫様たちはお城から町へ続く秘密の抜け道を見つけ,だれにも知られずに町に出られるようになりました。町で見かけた3人の兄弟と知り合いになりたいと思ったお姫様たちは,3人の兄弟を,お城に招きます。しかし,彼らが帰ったあと,父王は,二度と兄弟たちを招いてはいけないと言い渡します。

プレ・テキストの構成とねらい

コントラクト			参加者同士で,実際の自分の生活を比較し合ったり,卑下することがないようにする。
事前エクササイズ			バランスゲーム:身体表現を通じて,信頼関係がどのように成立するかを体験する。
本体ドラマ	シーン1	課題1	質問と話し合い 物語の設定を考えることで,参加者自身の日常生活との共通点を考える。
		課題2	皆の前で発表する 話し合った内容を,ほかの人に表明できる。 発表された意見と自分の意見が異なることがあれば,違いを説明できるようにする。
	シーン2	課題3	サウンドスケープ 登場人物を考える過程で,個人の想像を言語化し,共に考え,分かち合うことができる。
		課題4	フィジカルシアター 共同で1つの作品をつくり上げる楽しさを知る。 互いに表現し,受け入れ合うことで,信頼関係を築く。
		課題5	発表 互いの作品を見合うことで,いろいろな考え方があることを学ぶ。
	シーン3	課題6	質問と話し合い 物語の設定を考えることで,参加者自身の日常生活との共通点を考える。
		課題7	即興劇 自由とは何かを考える。欲・得のために何かを失う危険性について考える。
	シーン4	課題8	願いを伝える どうしたら願いを聞き入れてもらえるのかを考える。貧富の差や生活の違いを考える。

	シーン5	課題9	決断 状況を判断し，判断・決断する力を養う。
		課題10	自分の意見を述べる 家族に対して秘密をもつこと，家族の中で隠さなければならないこと・言えないことは何かを考える。
	シーン6	課題11	選択と決断 危険やリスクについて考慮したうえで，自分なりの意見や決断が下せる。
		課題12	物語の続きをつくる 物語の続きを想像し，将来を考える。

コントラクト

> この物語はイギリス北西部にある，1220年ごろ建てられたビーストン城で，こんなことがあったのではないかと想像したものです。城主は代々この地域を統一するお金持ちで，称号と権力をもつ人だったそうです。
>
> 物語には，登場人物の生活の違いが出てきます。それについて考えるのですが，参加者同士で，実際の自分の生活を比較し合ったり，卑下したりしないようにしましょう。自分自身は何が一番大切で，幸せと感じるかを，よく考えることが大切です。

事前エクササイズ

バランスゲーム

① 3人組になる。

② 3人で向かい合い，お互いの手のひらを合わせる。手のひらの間はつねに2cmほど空ける。

③ 1人がゆっくりと手のひらを動かし，ほかの2人はそれに従って同じ動きをする。手のひらの間の間隔を変えないようにする。言葉は使わない。リード役でない2人も間隔を保つので，自然に両手が動く。

④ 次に，手のひらの間隔を20cmほど開け，リードを交替する。

⑤ 全体からグループを1つ選び，全員の前で同じ動きをする。進行役は，見ている人に，だれが動きをリードしているかを聞く。3人の呼吸が合っているほど，リード役が見分けにくい。

本体ドラマ

◆進行役の役割

・ドラマ進行

・ナレーション（Nと略）

・ティーチャー・イン・ロール（TiRと略）：3人のお姫様ザ・ゼ・ゾ，父王（4役）

◆準備物
・CDプレーヤー
・物語をイメージさせる音楽（CD例：坂本龍一＆ダンスリー『エンド・オブ・エイシア』より「the End of Asia」）
・いす3脚

シーン1（5～8分）

> N 遠い昔のお話です。ある大きなお城に，王様と三つ子の美しいお姫様たちが住んでいました。お姫様の名前は長女が「ザ」，次女は「ゼ」，そして三女は「ゾ」といいます。そのお城は険しい崖の上に立っていて，窓からすばらしい眺めが一望できました。城内にはいつも花が咲き乱れ，広い敷地内には遊び場がたくさんあり，大勢の召し使いたちが働いています。優しい父王は王女たちのために，国内でも指折りの教師を雇い，3人のお姫様は何不自由なく幸せに暮らしていました。でも，3人の一番のお気に入りの場所は塔の最上階にある，アーチ型の窓の前に置かれた長いすです。この窓の下は絶壁で，その向こうに広がる町では人々や馬が忙しそうに行きかう姿が小さく見えます。3人はいつもこの窓に集まって外の様子を見るのが大好きでした。なぜなら父王の命令で，3人はお城から出ることを禁じられていたからです。

課題1　質問と話し合い
①進行役は「自分がもし，3人のお姫様だとしたら，すてきなお城に住んでいるけれど，そこから出られずに暮らすことをどのように思いますか？」と質問する。参加者は隣の人と2人組で意見を交換する。何組かを指名して意見を聞いてみる。
②進行役は，「お父さんはどうして娘たちを外に行かせたくなかったのでしょうか？」と質問する。
③参加者は3人組になって，話し合う。

課題2　皆の前で発表する
①グループごとに，課題1で話し合ったことを全員の前で発表する。進行役が司会をする。
②発表された意見と違う意見だったときは，自分たちはどのような意見だったのかを挙手して発表する。発表する1グループにつき，1～2人程度の意見を聞く。

シーン2（10～15分）

> N 3人のお姫様はまったく違う性格でしたが，いつも助け合って仲よしでした。城にはたくさんの部屋がありますが，お姫様たちに与えられた部屋はとても豪華でした。それぞれの好みに飾られ，欲しい物はなんでもそろっています。お姫様それぞれに似合った，それはそれはすばらしい部屋でした。

> !Point
> 132ページ参照

課題3　サウンドスケープ

①課題1の3人組で，ザ・ゼ・ゾ役をそれぞれ決め，ザ・ゼ・ゾ役同士でグループになる（3つのグループができる）。

②グループごとに登場人物について考え，話し合って，キャラクター（登場人物の性格や趣味，洋服や食べ物，音楽の好みなど）を決める。イメージを紙に書いたり，動いてみたりしてもよい。

③決めたキャラクターを，「ザ」「ゼ」「ゾ」それぞれの音で表現する。どんな音を出せば，キャラクターを表せるか，キャラクターを表す動作なども話し合い，「ザザザザ……」と続けて音を出して表現する。

④各グループで音の出し方や動作を決めたら，一列で行進する。一番前の人がお姫様役になり，音と動作をしながら前進する。ほかの参加者はおつき役になり，お姫様役の音・動作をまねて続く。

課題4　フィジカルシアター

> フィジカルシアターについては，P.180参照

①課題3で話し合ったキャラクターをもとに，登場人物の部屋をフィジカルシアターでつくる。各グループに1人お姫様役を決め，残りは部屋の調度品になる（ベッド，ぬいぐるみやクッション，壁の絵や置物など）。また，課題3の④でつくった音をグループ全員でハミングする。

課題5　発表

①グループごとに，課題4でつくった部屋を発表し，お互いに見合う。

シーン3（5〜10分）

	N	欲しい物は何でも手に入るお姫様たちが，いつも話していることは，窓から見える城の外のことでした。
	ザ	「いったいどんな人たちがどのような生活をしているのでしょう?」
	ゼ	「一度でいいから外に行ってみたいわ」
	ゾ	「どうしてお父様は私たちが外に出ることを許してくださらないのかしら?」
	N	お姫様たちが18歳になったその日の夜，ザは，部屋の隅に開けたことがないドアを見つけました。いままで気にしたこともなかったそのドアを開けると，長い階段が下へと続いていました。秘密の抜け道です。ザはさっそく，ゼとゾに伝えて抜け道を探検することにしました。この抜け道は，お城の立っている崖の中をくりぬいた地下に続く長い階段でした。この階段を通っていくと，城の正門を通らずに外に出られ，出口は町の市場のはずれにあるのです。3人のお姫様は恐る恐る，町に出ていくようになりました。何度か探検に成功したとき，3人はついに気がつきました。

	ザ・ゼ・ゾ「私たちはお父様に知られずにお城の外に出ることができるんだわ！」
N	それから，3人は夜になるとその抜け道を通って城から抜け出し，町に出て遊び，父親が様子を見にくる時間には必ずベッドに戻って寝ているふりをするようにしました。こうして，内緒の外出が多くなりました。

課題6　質問と話し合い

①進行役は，「秘密の抜け道を通って，初めて城の外に出たお姫様が一番初めに行きたいところや見たいものは何でしょうか？」と質問する。参加者は3人組になって話し合う。

!Point　132ページ参照

課題7　即興劇

①3人組になり，町に出た3人のお姫様はどうするのか，話し合って1～2分程度の即興劇をつくる。グループごとに発表し，互いに見合う。
②教室の後ろに横一列に並び，3人組で手をつなぐ。BGMに合わせ，スローモーションで前進する。3人とも町に出られたときの感情（最高の喜び，驚き，不安など）を，体全体を使って表現する。

シーン4（2～3分）

N	3人のお姫様は，昼間は父親の前で普通にふるまっています。そしていつもどおり，窓から崖の下を眺めて人々が行きかう姿を見てはいろいろな話をします。ザ・ゼ・ゾが気になるのは，ある夜，秘密の抜け道を通って町に出たときに出会った3人の兄弟のことでした。 その兄弟はザ・ゼ・ゾと同じくらいの年ごろで，町の片隅で一生懸命に働いていました。いつも，手や顔を靴墨で真っ黒にしてお客さんの靴を磨いているのです。その笑顔のすばらしいことといったら，お城の中で出会う人には見たことがありません。若者たちはお客さんと楽しそうにおしゃべりをして，冗談を言っては笑っています。次の夜も，お姫様たちは物陰からこっそりとこの兄弟を見ていました。彼らは歌を歌ったり，踊ったり楽しそうです。あるときは3人で追いかけっこをしていました。ザ・ゼ・ゾがいつもお城の中でするのと同じように。 お姫様たちは彼らと話してみたくなりました。しかし，話しかける勇気がありません。ザ・ゼ・ゾは考えました。お父様に頼んでなんとか彼らをお城に招くことはできないでしょうか。

課題8　願いを伝える

①進行役は，「どうしたら，お姫様たちはこの兄弟を城に招いて，会うことができますか。秘密の抜け道のことは絶対に父親に話せません。どのように父親に頼めばよいのでしょう。ザ・ゼ・ゾの父親は王様な

ので，できないことは何もないはずです」と参加者に質問する。
②参加者は，新しく3人組をつくり，3兄弟と会う方法を話し合う。
③進行役は2～3グループを指名し，指名された参加者は発表する。

シーン5（5～10分）

TiR：課題8で参加者から出たアイデアを取り入れる	N	ザ・ゼ・ゾは父親に「……」とお願いしました。その結果，ある日，3人の若者たちがお城にやってきました。ザ・ゼ・ゾはこの兄弟に初めて会うようにふるまい，お城の中を案内したり，庭で遊んだり，楽しいひとときを一緒に過ごすことができました。
		お姫様と兄弟はすぐに仲よくなり，若者たちもまた訪ねてくると約束しましたが，父王はそれを許しませんでした。ザ・ゼ・ゾは父王に何回もお願いしましたが，だめでした。
TiR：父親として，せりふを言う	父	「娘たちよ，お前たちは私の宝物だ。私はお前たちの欲しいものはいままですべて手に入れ，いつも最高のものを与えてきた。しかし，私の唯一の願いは，大切な娘たちにこの城でいつまでも楽しく私と一緒に暮らしてほしいということだ。残念だが，3人の若者は身分も生活も違いすぎる。彼らもここに来ることは望まないはずだ。もう二度とここに来ることはないだろう」
	N	父王はそう言って城のすべての門に厳重に鍵をかけ，夜中も見張りをつけて，お姫様たちが外と接触できないようにしてしまいました。お姫様たちは父親にお願いを続けましたが，どうしても会うことを許してもらえません。
		しかし，お姫様の部屋に秘密の抜け道があることを，父王は知りません。

課題9　決断

①参加者全員で2列になって向かい合い，向かいの人と手をつないでトンネルをつくる。
②進行役は，「私はザ・ゼ・ゾです。このトンネルは，お姫様が今後どうしたらよいか，迷っている心の象徴です。トンネルになった皆さんは，姫が前を通るときに，お姫様の心の声をひと言ずつ言ってください」と言う。
③進行役はお姫様役になり，トンネルに入ってゆっくりと出口まで歩く。参加者は，進行役が前に来たら，ひと言ずつ「ザ・ゼ・ゾの心の声」を言う。
例：「秘密の抜け道があるじゃないか」「若者は待っているよ」「お父様とずっと一緒にいるわけにはいかないよ」「お父様を裏切って出かけるのか」

課題10　自分の意見を述べる

①課題4で姫になった3人がいすに座る。ほかの参加者は3人を囲んで床に座る。

②進行役は，床に座った参加者に，「ザ・ゼ・ゾの3人は，どんな気持ちで閉ざされたお城で父王と暮らさなければならないのでしょうか。3人はどう思っているか，考えていることを質問してみましょう。ザ・ゼ・ゾ役の3人は，お姫様として答えてください」とやり方を説明する。

③いすに座ったザ・ゼ・ゾ役に，ほかの参加者が質問する。3人はそれぞれ役になりきって，参加者から出る質問に答える。

質問例：「どうしてお父さんに外の世界を見てみたいと伝えないのですか？」

答え例：「私たちが外に行くことをお父様が好まれないからです」

シーン6（5分）

N	お姫様たちは悩みました。自分たちはどうするべきなのか。そしてお姫様の1人は，すべての危険を承知で，明日の夜，秘密の抜け道から脱出し，町で若者と一緒に暮らそうと心に決めたのでした。

課題11　選択と決断

①進行役は，「もし，あなたがこのお姫様だったら，危険を承知で新しい世界に挑戦しますか，それともお城にとどまりますか」と質問する。

②進行役は教室の真ん中に線を引き，「行くという人は右側に，行かないという人は左側に移動してください」と指示する。参加者は自分の意見によって左右に移動する。

③進行役は真ん中に立ち，両側の参加者に「どうしてそう思うのか」数人に質問する。ほかの人の意見を聞いて，考えが変わったら，立ち位置を変えてよい。

課題12　物語の続きをつくる（時間がある場合）

①6～8人でグループになり，この後，ザ・ゼ・ゾがどうなったのか，この物語の続きを1～3分の寸劇にする。出来上がったら，全員の前で発表する。

この物語の手引きと背景 Za・Ze・Zo Context

🏷 プレ・テキストの概要と成立の背景

　ヨーロッパには「プリンセスストーリー」と呼ばれる，お姫様が題材の物語がたくさんある。女の子は物心つく前から，ピンクのドレスや王冠を被り，魔法のステッキを手にお姫様ごっこをして遊ぶ。お姫様ごっこは，すてきなドレスを着て，何でも願いがかなう，美しいお姫様になりたいという願望の表れであると考える。

　しかし，物語に登場する姫は，本当に幸せだろうか。すべてのものが手に入り，何不自由なく暮らすことが一番大切なことだろうか。この物語は，お姫様と，町で出会う貧乏な兄弟との価値観や生活を比較することから，本当の幸せとは何かについて考える内容が含まれている。さらに家族の愛，幸福，自由などのテーマを考えさせるようになっている。

　このプレ・テキストは，女子刑務所の更生教育の教材用に書き下ろした。受刑者とワークショップを行い，「城（刑務所）」という囲いの中で生活する彼女たち自身が，崖の上に立つ城に秘密の抜け道を想像する。そして，彼女たちにとって，その城はどのように外に繋がっているか，外に出るとはどんな意味があるか，自由とはどんなことか，などについて一緒に想像し，希望を託したいと考えた。このようにして出来上がったのがこのプレ・テキストである。

　その後，日本人学生とこのプレ・テキストでワークショップを行ったときに，彼らにとって「城」は日本社会や学校，家庭だという話になった。抜け道を見つけて外に出るとは，日本人学生にとって，どんなリスクを意味しているのかを話し合う材料となった。つまり，このプレ・テキストは危険をおかすというテーマが含まれている。

　階級制度が根づくイギリス社会では，自分の階級内の人とつき合い，各人に合ったパブやスーパーマーケットに行き，生活し幸せを感じるという伝統を重んじる風潮がある。しかし，現代社会では，地域社会にもさまざまな階級の人が入り混じって暮らしていることが多々ある。したがって，階級意識や生活の価値観の違いをどのように理解し合うかという問題になる。日本ではこのような階級意識はなじみがないと思う。しかし，「各家庭の生活の価値観や状況について，参加者たちがお互いの違いを理解し，自分に合った生き方や生活スタイルを見出す」ことは共通した課題であると考えて，プレ・テキストのテーマとした。「分相応」という言葉があるが，何が自分にとって一番大切だと感じるのかについて考え，自分の価値観を自分自身で決められる決断（判断）力をもたせたいというのがこのプレ・テキストのねらいの一つである。

🏷 プレ・テキストにおける隠喩

シーン１：３人のお姫様のお気に入りの場所は「塔の最上階にある，アーチ型の窓の前に置かれた長いす」である。「塔の最上階」は袋小路（物事に行きづまる）を表す。「アーチ型の窓」は弓状の窓から何かを射止めるという意味がある。「長いす」は上流社会を象徴する。この組み合わせで物語が展開する。

シーン３：閉ざされた生活で，お姫様たち自身が見つけた「秘密の抜け道」は，自らの人生を切

り開くことを表している。「抜け道」を通るときの気持ちを課題のなかで体験することは，参加者自身の人生を切り開く疑似体験になる。

実践のポイント

・**実践時間**

本プレ・テキストは課題1～11を，2時限（90分）続けて実践すると効果がある。課題12まで実践できると，さらに話がふくらむ。時間がない場合は，シーンごとの課題を精選して45分で完結することもできる。

・**課題3 「サウンドスケープ」**

音（声）でキャラクターを表現する手法である。擬音語や声のトーンなどを組み合わせてつくる。また，複数で音を出すことで，音や表現の違いを楽しむ（P.182参照）。例えば次のような例がある。

「ザザザザ……ザザザザ……」と軽くさわやかな音を出す＝だれにでも優しく，気だてのよいお姫様を表す。

「ゼーゼーゼーゼー……」と強い引きずるような音を出す＝気性が激しく，負けん気が強いお姫様を表す。

「ゾ，ゾ，ゾ，ゾ，ゾ……」と短くテンポのよい音を出す＝おてんばで元気のよい，無邪気なお姫様を表す。

・**課題7**

感情を体で表現する体験である。「街に出られた時の，自由という実感を，思い切り表現してみましょう」などの声かけをする。スローモーションにすることで，より深くその感情を体験することができる。全体を2つに分け，互いに見合ってもよい。

ワークショップ参加者の声
・人生を感じました。3人のお姫様が自分の気持ちを押し通すのか，相手の気持ちを受け入れるのか。人生はつねに選択しながら前に進むものだと言われていますが，このお話は究極の選択なので私自身の答えはいまも明確になっていなくて即答することができません。ワークショップが終わったいまでも心のどこかでそんなことを考えています。物語を自分にあてはめて考えてみました。すると余計にむずかしくなりました。クラスではいろいろなグループがいろいろな結末を発表しました。それを見て，結末はどうであれアクションをすること（行動すること）が大切だと切に思いました。結末は先に来ない，やらないと見えないものだと，いまあらためて気づきました。自分の人生は自分で決め，行動する，そこから物語が進んでいくのだとザ・ゼ・ゾワークショップを通して考えさせられました。 （参加者・教師）

Pre-text 07 孔雀
The Peacock

このプレ・テキストで学べる要素

大きなテーマ
- 偏見や差別について
- 自分と他人の価値観や違いを感じ，どのように理解し，同じ社会で生きていけばよいのかを考える。
- 社会生活でかかわる必要がある共同体について考える。
- 社会生活を営むために，がまんしなければいけないことについて考える。
- 自分の生活を始めること，生活がほかの人によって疎外されることを考える。

社会的スキル
- 人の意見をよく聞くことができる。
- 自分の考えや意見をしっかりともつ。
- 異文化や価値観の違いを認識し，理解する。
- 他人を思いやる気持ちを養う。

ドラマ／演劇的スキル
- ストーリーの象徴（孔雀）から物語が伝えたいことを読み取り，物語の続きを考えることで，想像力を養う。
- すすんで即興劇を行う訓練をする。
- 演じる過程で，自分の先入観や固定観念に気づく。
- 物語と自分自身の生活の共通点を探る。

このプレ・テキストのあらすじ

　ある町に，1人の女性が土地を買って引っ越してきました。女性はどこか町の人たちと違っていたので，受け入れられず，冷たい扱いを受けていました。女性が孤独な毎日を過ごしていたある夜，女性の家に孔雀が降り立ちました。女性は自分が町の人を受け入れれば，孔雀が来たように町の人も来てくれるのではないかと思いつき，家をきれいに修理し，庭を整えて，町の人たちのいこいの場として開放しました。たくさんの人が庭を訪れるようになり，女性も楽しい毎日を過ごすようになりました。ところが，うわさを聞きつけた心ない人が，せっかくきれいにした庭をめちゃめちゃに壊してしまいました。女性はひどく傷つき，元のように，門を閉ざしてしまいます。そんな庭から，孔雀は立ち去ってしまいます。

プレ・テキストの構成とねらい

コントラクト	物語を進めるなかで，即興でいろいろな役を演じることに，積極的に挑戦してほしい。		
事前エクササイズ	サイレント・コミュニケーション＆フィジカルシアター：自分が属するグループの仲間とアイデアを出し合い，協力し合って表現する。共同作業をする。		
本体ドラマ	シーン1	課題1	質問 主人公の設定を決めることで，物語を身近に感じる。参加者の偏見や差別の程度を知る。
	シーン2	課題2	イメージづくり 異文化や生活の違い，価値観の違いを認識する。主人公の設定を決めることで，物語を身近に感じる。
		課題3	グループでティーチャー・イン・ロール 構成して場面を演じることで，偏見や差別について，考える。
	シーン3	課題4	インプロ 人を嫌う・嫌われることを体感し，その意味や影響を考える。
		課題5	シーンの再現 物語と日常生活との共通点を探り，他人を思いやる気持ちを養う。
	シーン4	課題6	即興劇と発表 孔雀を協力し合って表現する過程で，物語のテーマについて深く考える。
	シーン5		
	シーン6	課題7	マインド・インプロヴィゼーション 感情や気持ちを表す練習をする。音楽が想像力を刺激することを知り，感情とのかかわりに気づく。

		課題8	フィジカルシアター 共同体に属して生きるために，どのようなことが必要なのかを考える。
	シーン7	課題9	話し合い 共同体に属するときの，個人というものについて，またがまんすべきことは何かを考える。つくったものが破壊される気持ちを考える。
	シーン8	課題10	話し合い 話し合いを通じて物語のテーマを考える。自分の考え方や意見をはっきりともつ。
		課題11	物語の続きを考える 自分のなかの偏見や差別の心に気づき，「違い」を受け入れるとはどういうことか考える。
		課題12	終わりのない結末 結末の展開を考えることで，「違い」というテーマについてより深く考える。

コントラクト

> このお話には，たくさんの登場人物が出てきます。例えば，自転車に乗った少年や，乳母車を押すお母さん，学校帰りの子どもたち，にわとりや牛などが出てきたりします。物語を進めていくなかで，参加者の皆さんに，突然，こういったいろいろな役を演じてくださいとお願いすることがあります。そのときは，進んで役になり，お話に参加してください。

事前エクササイズ

サイレント・コミュニケーション＆フィジカルシアター

①参加者全員が，教室中を自由に歩き回る。言葉を使わず，動作のみで自分の誕生月を伝え，同じ誕生月の人同士でグループをつくる。

②各グループで誕生月を象徴するものを話し合い，フィジカルシアターで表現する（1月：鏡餅，3月：ひな人形など）。月によって人数が少なかったりしたら，工夫して表現できるよう，進行役が配慮する。

③再び全員で，教室中を自由に歩き回る。次は，言葉を使わずに動作のみで自分の名前の頭文字を伝え，同じ頭文字の人同士でグループをつくる。

④各グループで，名前の頭文字で始まるものを話し合い，フィジカルシアターで表現する（「あ」：ありなど）。

> フィジカルシアターについては，P.180参照

本体ドラマ

◆進行役の役割

・ドラマ進行

・ナレーション（Nと略）
・ティーチャー・イン・ロール（TiRと略）：女性（1役）

◆準備物
・異邦人・見知らぬ旅人をイメージさせる音楽（CD例：『image 2』より，盤古2001「中国謎的女神」）
・幸せな気分をイメージさせる音楽（CD例：『image 2』より，葉加瀬太郎「トゥー・ラブ・ユー・モア」）
・破壊的な音楽（例：ベートーベン「ピアノソナタ『悲愴』（第一楽章）」，「アルビノーニのアダージョ」）
・CDプレーヤー
・扇やハンカチ（グループに数本ずつ。課題6で使用する）

シーン1（2分）

	N　これは，新しい生活を始めたいと考えていた女性のお話です。彼女は高い塀に囲まれた広い土地を買いました。敷地の中には古い家が建っていて，小川が流れており，泥沼になってしまった小さな池があります。
TiR：女性として，家を直す動作をする	この家は，汚れたコンクリートでできたみすぼらしいアパートでした。家には長い間，だれも住んでいませんでしたから，家中を直さなければ住めないほどぼろぼろになっており，この女性は来る日も来る日も一人で家を修繕していました。道行く人々は高い塀越しに彼女の様子を伺い，いったい何をしているのだろうとうわさをしています。

課題1　質問
①進行役は「この女性はいったいどこから来たのでしょうか。この国のどこかでしょうか，それとも外国から？」と参加者全員に質問し，考えさせる。
②進行役は，参加者の意見を聞き，黒板に書く。答えは1つにしぼらなくてよい。

シーン2（5～8分）

TiR：いすに座ってドラム缶の焚き火にあたり，ぼんやりと過去を振り返る動作	N　夜になると，女性は疲れて庭に座り込み，木くずを入れたドラム缶に火をおこし，炎を見ながら，かつての生活を思い出すのでした。

> イメージフラッシュについては，P.180参照。「アルバムの一場面」の変形，静止画ともいう。ストップモーションで数カットの写真をつくる手法については，P.182「字幕つけ」も参照

課題2　イメージづくり
①異邦人をイメージさせるBGMをかける。
②3～6人のグループをつくり，女性がこの家に来る前に，どんな生活をしていたかを考える。
③各グループ，イメージフラッシュを使って，3～5場面の写真をつくる。このとき，写真に，キャプション（タイトル，日にち）をつける。

④③でつくった場面を，グループごとに全員の前で演じ，互いに見合う。せりふは入れても入れなくてもよい。

課題3　グループでティーチャー・イン・ロール

!Point 144ページ参照

①進行役はTiRで女性役になる。女性が火にあたりながらドラム缶を見ていると，その火の中に彼女の過去の思い出がアルバムのように浮かぶ，という設定にする。
②各グループ，課題2でつくった場面を進行役（TiR）の前で，テンポよく順番に発表する。
③演技の後，進行役は「しかし，彼女の過去を知る人は，だれ一人ここにはいません」というナレーションをし，次のシーンを始める。

シーン3（5～8分）

> N　しかし，町の人々は，そんな女性を，あまりよく思っていませんでした。なぜならこの女性はこの町に暮らす人々とどこか違っていたからです。徐々に女性は，町の人たちが，自分をよく思っていないことに気づきました。

インプロについては，P.179参照

課題4　インプロ

①進行役は，「人が，ある特定の『人を嫌う』ということは，どんなふうに表れるでしょうか」と参加者に質問する。
②5～6人のグループになり，各自が女性を嫌っている表現を考える。暴力や権力で相手を押さえつけるのではなく，高い塀越しに，相手が見えない状態での嫌悪（心の嫌悪）を表現する。声は心理的表現として使ってよい。
③出来上がったら，グループ内でお互いに見合う。

課題5　シーンの再現

①課題4の表現を取り入れて，シーン3を再現する。
②各グループが「心の嫌悪」の表現を数秒ずつ発表する。
③進行役は，TiRで女性役となり，参加者の「嫌われる」表現にその都度反応する（つらそうな表情になる，声のするほうをにらむ，歯を食いしばるなど）。進行役自身が，各グループの表現に対して，感じたことを表現するとよい。
④その後，進行役はシーン3のナレーション「徐々に女性は，町の人たちが，自分をよく思っていないことに気づきました」をする。
⑤すべてのグループが発表したら，「このような光景を，あなたが住んでいる地域や身の回りで見たことがありますか」「似たような話を聞いたことがありますか」などと参加者に質問する。意見が参加者から出ない場合は，進行役の体験談などを話すようにする。
⑥参加者から出た意見や体験談について，どう思うか，どうしたらよいかなどをグループで話し合う。

シーン4（10〜15分）

	N　そんな生活が続いていたある夜の出来事です。女性はふと庭の片隅に何者かのあやしい影を見ました。彼女はとっさにナイフに手を伸ばし，握りしめます。もう一度見直すと，月明かりとたき火の光が届くところにやはり何者かの影がいるのがわかります。その影は塀の上に移動しました。何とそれは，とても美しい一羽の孔雀だったのです。
TiR：女性の声に変え，ほっとした声色でせりふを言う	女性「なんだ，孔雀だったのね！」
	N　孔雀は，彼女の前を堂々と横切ると，隣の家の庭の木の枝にとまり，羽を休めて眠りにつきました。

課題6　即興劇と発表

① 4〜5人のグループになる。
② フィジカルシアターで「1羽の孔雀」をつくる（7〜8分程度）。扇やハンカチなどが少しあると，アイデアが広がりやすい。
③ 全員の前で，各グループがつくった「孔雀」を発表し，互いに見合う。
④ 全グループが発表したら，「孔雀はどのようなイメージがある鳥ですか」「孔雀について何かお話を知っていますか？」等の質問をする。参加者のイメージがわかない場合は，「孔雀はどんな鳥でしょうか」などの質問に変え，だれかに前に出て，黒板に絵を描いてもらうとよい。
⑤ 孔雀の話や絵をもとに，全体で孔雀のイメージを広げる話し合いをする。進行役は，話し合いが活性化するよう，「孔雀の羽に目が付いているという人がいますが，信じられますか」「孔雀が羽を広げたときにどんなことを考えますか」などの質問をしてもよい。最終的に，「どうしてこのドラマ活動を行っているのか（孔雀は何の象徴なのか）」について考える。

フィジカルシアターについては，P.180参照

シーン5（10〜15分）

進行役：課題6で参加者から意見が出れば，例として加える	N　女性は孔雀についてたくさんの話を知っていました。例えば「孔雀は魔力をもつ特別な鳥である」「羽の20個の目で催眠術をかける」「インドのマハラジャが孔雀を飼っているのは毒蛇を追い出してくれるから」……などです。とにかく，女性は，孔雀が幸運のシンボルだと信じていました。たき火が小さくなって消えかけ，朝になり，町の人々が起き出したとき，女性にある考えが浮かびました。彼女は，孔雀が自分に何かを告げにやってきたのだと思ったのです。
	女性「孔雀が塀の中に入ってきたように，私が町の人を受け入れるようにしたら，幸運がめぐってきて，だれもが私に心を開いてくれるんじゃないかしら」

	N	女性は，これからの生活に希望の光がさし，長いこと悩み考えていたのがうそのように感じました。そして，安心してぐっすり眠ったのでした。

※次のシーンを始める前に「これからいろいろな登場人物が出てきます。『いまナレーションに登場した役になろう』と思ったら，ナレーションに合わせて，登場する役になりながら前に出てきて動いてみてください」と事前に説明しておく。進行役はTiRで女性役になる。参加者がなかなか出てこない場合は，近くの参加者に，役をやってみるように促すとよい。

シーン6（5〜10分）

TiR：孔雀の羽を大切に花瓶に入れて，家の中に飾る動作をする	N	翌朝，女性は家の周りに立つ高い塀をすべて壊しました。池をきれいにして，鴨を数羽放しました。孔雀は，きれいになった彼女の庭によく来るようになりました。学校帰りに子どもたちが，池のほとりを歩いて鴨にえさをあげたり，サイクリングをする人や，乳母車を押したお母さんたちが散歩しにやってきたりするようになったのです。散歩にきたおじいさんやおばあさんたちは，家の中の彼女にあいさつしたり，彼女もあいさつを返したりと，和やかな日々が続きました。この庭に来る人は日ごとに増え，4羽のにわとり，2頭の牛，8羽のガチョウ，3頭のヤギ，ロバも仲間入りしました。そのなかでも，孔雀は彼女の一番のお気に入りです。なぜならこの鳥が彼女に幸運を運んでくれたからです。そして孔雀はいつも誇らしげに声高々と鳴きます。まるで「私を見て！私はほかの鳥とは違うでしょう！」といっているようです。そして孔雀は深い青緑色と金色の美しい羽を女性の前に落としていきました。女性は，その羽を大切にとっておくことにしました。
	N	女性はそのあとも，かぎのかかっていない扉を門に取り付け，毎朝，自分の庭を人々に開放し，夜は閉めることにしました。「いつでも鴨にえさをあげてください」と書いた立て札を立てました。小川をはさんで両側の木には，枝からロープでタイヤを吊して，小川の真上にブランコを作りました。その女性は子どもたちに喜ばれる遊び場を作ると，ますます遊びに来る子どもの数が増えました。女性は，この庭をすばらしいいこいの場につくり上げたのです。箱をつけた立て札も立て，「もしあなたがよいアイデアをおもちでしたら，何でも結構ですので，書いてこの箱の中に入れてください」と書きました。すばらしいアイデアがたくさん集まり，女性の庭は日増しにいろいろなものが造られていき，町の人が欲しがっていたいこいの場がつくられていきました。人々が喜んで彼女の周りに集うのは，女性にも楽しく，最高の幸せだったのです。

課題7　マインド・インプロヴィゼーション
①参加者全員が，教室の後ろの壁に横一列に並ぶ。
②BGMをかけ，全員がスローモーションで前進する。音楽に合わせて，最高の幸せを感じている女性の気持ちを表す。最高の笑顔と喜びを表現しながら，体全体を自由に動かしてゆっくりと前に進む。

課題8　フィジカルシアター
①女性が考えたもののほか，町の人が欲しがっているいこいの場がどんなものかを，5〜6人のグループに分かれて考え，全身を使って表現する。静止画でも動きがあるものでもよい。2〜3分でつくり，進行役の指示に従って1グループずつ次々と発表する。

シーン7（5分）

効果音：いこいの場が壊されてしまう，破壊的な音楽をかける	N　そんな幸せな日々が続いていたのですが，どこからか，女性の過去について悪いうわさが出始めました。そして，うわさを聞いた心無い人が「よそものの庭なんか壊してしまえ」とやってきました。彼らは，タイヤのブランコが下がったロープを引きちぎり，ベンチや立て札にスプレーで落書きをし，小川に架かった渡し板を割り，女性が築きあげたいこいの場をめちゃくちゃに壊していきました。門はもう開けることができないように折り曲げられてしまいました。無残に破壊されたいこいの場を見て人々は立ち止まり，女性に話しかけようとしますが，彼女はカーテンを閉めて家の中に閉じこもってしまいました。 すべてのものが壊されて，女性にはもう何も残っていません。
TiR：どうしたらよいのか考える動作をする	女性「このままではいけない。何とかしなくては！」

課題9　話し合い
①参加者は5〜6人のグループになり，女性はどうしたらよいかを話し合う。

シーン8（10〜15分）

	N　いろいろと考えた結果，女性は，心を鬼にして，以前のように高い塀をつくり，自分の大切な庭を地域から切り離すことを決心しました。孔雀が庭の高い塀を越えて，隣の家へ飛んでいき，その庭の芝生の上に舞い降りたのは，その夜のことでした。そんな孔雀の様子をずっと見ていて，何かを企んでいる人がいることなど，女性は知るよしもありません。しかし，孔雀には何かが起きることがわかっていたのかもしれません。

課題10　話し合い
①参加者は3〜4人のグループをつくる。
②次の質問を，1つずつ，参加者全員に投げかける。

・女性はもう一度高い塀を建てるべきではなかったのでしょうか。
・この物語はどんな結末をむかえると思いますか。
・この物語はどんなことを訴えたいのでしょうか。
・この物語を聞いて，どんなことを掘り下げて考えてみたいと思いましたか。

③参加者は，グループのなかで，自分はどのように思うかを伝え合う。
1つの質問について，30秒程度にまとめて，自分の意見を表明する。

課題11　物語の続きを考える

①進行役は，「もし，この話を大切な人に話すとしたら，どんな結末にしたいですか。結末を自分なりの文章にしてください。文章にできたら，全員の前で読んだり演じたりしてみましょう。物語は意外な展開を見せるかもしれません」と参加者に投げかける。

②参加者は，それぞれ自分なりに結末を考えて文章にし，全員の前で読んだり，即興で演じたりする。授業時間に応じて，数人が発表するか，全員が発表するかを進行役が判断する。

課題12　終わりのない結末

①課題11までの段階で，参加者は，物語を自分自身の問題としてとらえられるようになっている。

そこで，参加者各自が登場人物の一人となり，自分なりの結末の展開を考え，選択し，表現する。課題11の②で発表された物語の続きから1つを選んで，そのように展開することに賛成か反対かを聞き，話し合うこともできる。

この物語の 手引きと背景 The Peacock Context

🏷 プレ・テキストの概要と成立の背景

　本プレ・テキストは、社会になじめない人々に焦点をあてて書いた。この物語内で「異文化」は、「人と違う」ことを象徴し、同じ国に暮らしていても異なる人間社会や個人の性格を表す。

　「異文化」は、自分以外のすべての他人を指し、他人とのコミュニケーションの大切さを訴えている。現在の日本では、隣にどんな人が住んでいるかも知らないことが多いように、人とのコミュニケーションを苦手とする現代人にとって、他人とのかかわり合いや認め合うことがなぜ必要なのか、物語に登場する孔雀を象徴に考える。そして自身を見つめ直し、他人が何を求めているか相手の身になって考えることに挑戦する。

　本プレ・テキストは、英国演劇を学びにチェスターを訪れた、日本人学生の「イギリス人は人種差別をするのですか？」という質問から生まれた。質問されたときは、なぜそんなことを聞くのかあまり気にしなかったが、彼らには大切な問題で、きちんと話し合うべきだったとあとで気づいた。当時、私たちには現代の日本の若者への知識が少なく、学生のフォローができなかったのを反省している。

　ある男子学生は、日本から持参した甚平に下駄ばき、傘をさして町を歩いていたら、「イエロー・モンキー！」と叫ばれた。別の学生たちは、おしゃべりしながら散歩をしていたら、車から生卵を投げつけられたり、第二次世界大戦の従軍経験者から反日感情を表明されたりした。こうしたことが重なって、研修後のレポートには「私たちが日本人だから嫌われているのでしょうか」「外国に来るというのは、このような思いをすることなのでしょうか。イギリスにはもう２度と来ないと思います」などと書かれていた。そのほかにも、「イギリス研修の中で、もしイギリス人に嫌われたらどうしようかと心配でした。英語もろくに話せないし、どうやってコミュニケーションをとったらよいのか」「海外に行くときに心配なのは、私たちには英国捕虜問題の傷跡や、慰安婦問題などの戦争の後遺症が反日感情となって返ってこないかということです」「私たちの生活の中にはあまり外国人と接する機会がないので、日本人が世界でどのように思われているかわかりません」など、多くの学生が、欧米人に対して、外見や英語のコンプレックスをもっていることを知り、それを克服する教育が必要だと思った。

　これらの問題は日本人だけに向けられているものではないと、きちんと伝える必要がある。日本人がもつ「違い」を理解し、自信に変えるための教材をつくり始めた。「出る杭は打たれる」ということわざのある日本社会でも違和感なく理解できるプレ・テキストになるよう、「十人十色」をテーマに物語をつくった。最終的には、何度かの実践を経て、現在の形となった。

　物語の骨子は著者２人の体験に基づいている。プレ・テキストは余韻を残して終わるが、実際には、孔雀が隣の家に入ったのを見て、心ない住民が行政に通報した。そのため、大きな気持ち悪い鳥（地域の人は孔雀をそう呼んだ）は捕まえられ、殺されてしまったのである。

　著者（オーエンズ）は、娘が幼いころ、物語に登場する庭に乳母車を押して遊びに行き、そこに集まる人々とよくおしゃべりをした。住人は、２人の男性同性愛者であり、当時は同性愛者へ

の風当たりが厳しかったため，周囲から敬遠されがちだった。しかし，いこいの場をつくった2人に多くの人が感謝していた。

　もう1つは，著者（グリーン）の体験にもとづく。ある日本人大学教授の息子が不登校になり，日本社会の圧力から逃れ，息子の環境を整えるために，イギリス・リバプールに3年間移住した。町外れに広い芝生に囲まれた大きな一軒家を借りた。庭に来る鳥やリスが息子の友達となり，楽しく平穏な日々を過ごしていた。しかし半年を過ぎたころ，地元の子ども2人が遊びに来るようになり，その数日後，心を開いた彼の前で，地元の2人組が小鳥を殺してしまったのである。前より落ち込んでしまった息子をどうしたらよいのか，両親から相談を受けていた。

　物語の「女性」や，実話の同性愛者の男性2人，不登校の男の子のように「他者と違う」ことは人から差別されなければならないことなのか，それをプラス思考で考えることはできないのか，などをこのプレ・テキストでは考える。プレ・テキストを通じて進行役自身も「違い」について考え，参加者の人権を尊重しながら，分かち合い，対話する。とくに「他者との違いをなくしていく」ことを提案するために，偏見や差別を怖がらずに社会で堂々と生きていくことを伝えるのが，このプレ・テキストの最も重要なテーマである。

🏷 プレ・テキストにおける隠喩

孔雀：イギリスで孔雀は「異邦人」を象徴する。それを殺すことには，「社会的・文化的背景の異なる人を否定し，傷つけ，排除する」ことの比喩である。

シーン1：主人公の女性は「高い塀に囲まれた広い土地」を購入する。彼女が社会から隔離された生活を強いられていることを表している。また，一人で家の修繕をする女性は友人や知人，家族もなく孤独であることを表す。

シーン2：「火をおこし，炎を見ながら，かつての生活を思い出す」。炎は過ぎ去った人生を意味する。また，過去の出来事を考えることで，詳しく描写されていない女性の人物像や生活を考えさせる。

シーン4：「孔雀」は物語の中心である「差別」を象徴する。孔雀には，美しい，不気味，気持ち悪い，鳥の仲間には入らないなど，人それぞれの評価がある。また，孔雀が行き来する「隣の家」は塀一枚で区切られた別世界である。人々に何と言われようと，自由に違う世界を行き来できる孔雀は女性にとってあこがれであり理想であることを表している。

シーン8：以前のように高い塀をつくり，自分の大切な庭を地域から切り離すことを決心した女性は，心にも高い塀をつくって孤独に陥る。孔雀が飛び去る光景は，心を閉ざした女性が幸せを失ったことを表す。

🏷 実践のポイント

全体を通じて

・違いを意識させる物語なので，参加者の立場や年齢に幅があるとより効果的である。違いがある者同士が協力して楽しく物語をつくる過程が大切である。

・互いに認め合いやすいよう，言葉や文章で表すのではなく，身体表現など，非言語での表現を大切にする。

・各シーンを順序立てて進行し一つ一つの課題を大切に考えながら，できるだけ全員が参加できるように促す。課題4，6（フィジカルシアター），シーン6などの全員での即興表現や，課題9～11で物語の続きを話し合ったりするなど，共同で動きや表現を創作することが重要である。

- グループはずっと同じでもよいし、課題ごとに組み直してもよい。チームワークを発揮できるような配慮をする。
- 進行役は、参加者の年齢や理解力に応じて、あらかじめ参加者のニーズにあった課題や受け答えを多めに用意し、事前にノートなどにまとめておくとよい。また、進行中はつねにTiRで女性役を演じながらナレーションを進める。

音響効果

- 「孔雀」をイメージできる音楽を選んでおき、BGMとして使用する。物語の印象を深め、参加者の創造力を助ける。歌詞が入っていないもののほうがよい。BGMは、発表だけでなく、グループで表現を話し合っているときにも使う。
- 課題7では「女性」の幸せな気持ちを表すもの、シーン7では庭が破壊されてしまった気持ちを表すものなど、場面に合わせたBGMがあると効果的である。

課題2・課題3

時間をかけすぎると、だらだらとまとまりがなくなるため、2つの課題を合わせて10分以内で行うようにする。フリーズ・フラッシュを使って写真をつくる時間は数分とする。課題3では進行役が、テンポよく発表できるよう導く。手をたたいてグループを指名し、そのグループはすぐに立って写真をつくる。次の手をたたく合図で次のグループと交代する……などの方法で、リズムにのせて進めるとよい。

発展的活動

プレ・テキストの続きを考える場合、ドラマチックな展開や、奇想天外な結末とすることも可能である。しかし、現実に起こりうる可能性を考え、社会教育や道徳の問題とつなげることもできる。例えば、隣家の庭にいる孔雀を、女性が塀を乗り越えて探しに行けば、不法侵入になる。また、女性の庭に住む動物たちが敷地外に出たり、糞尿の始末ができなかったりする事態がひんぱんに起きていたら、町の人の感情はどうなるか。このように、女性1人の問題とするのではなく、地域社会の一員としてのふるまいについて考えるきっかけにすることもできる。

ワークショップ参加者の声

- 「考える場」でした。普段の生活の中でも小さいことなら無意識のうちに自分で考え選択はしていると思います。しかし、大きな分かれ道に立ったとき、しっかり自分の考えで道を決定し行動をしていくという、生きていくうえでとても重要なことの訓練になったと思います。どんなときでも自分の考えをもってそれを人に伝えたり、責任をもって行動できる人間でありたいと孔雀ワークショップを通してあらためて思いました。そして、コミュニケーションの重要さを学ぶことができました。芝居をするにあたって一人芝居でないかぎり必ず相手がいます。生きていくためにも必ず相手が必要です。とくにこの物語の中では1つのシーンの内容を話し合って決定し、皆で参加しながらつくり上げていきます。その中で自分の意見だけでなく相手の意思も尊重し、進めていかなければシーンをつくることができません。相手の意見をしっかりと聞き、自分の意見をしっかりと伝えたうえでアプライドドラマが成り立ちました。（参加者・学生）

第4章

事例で読むアプライドドラマ

　　アプライドドラマは，学校以外のさまざまな場面にも応用できる。
　本章では，どのような場面に応用が可能なのか，具体的な実践事例を提示する。

1 特別支援教育でのアプライドドラマ

(1)導入の背景

　ここでは，差別なく，特別支援を必要とする人たちを社会に同等の身分で統合するために，かつお互いに融和し，理解を深めるために，アプライドドラマを用いる方法を提案する。
　特別支援を必要とする人の教育機関は，イギリスにも数多くある。運営は，公立学校や，地方自治体が運営するコミュニティ，地域のボランティア組織によるものなど，さまざまな形態がある。著者はこれらの機関と協力してアプライドドラマを実施してきた。
　特別支援を必要としない人々に比べると，グループの人数は半分以下で，いろいろな年齢の人たちが一緒に勉強している場合が多い。これらの多くの学校や機関等では，教師のほかに数名の補助教員がおり，教師と生徒間，生徒同士のコミュニケーションが円滑に行われるように援助している。とくに教師たちは，生徒一人一人とコミュニケーションをとるようにし，教師と生徒間の関係を非常に大切にしている。このような場では，アプライドドラマがよく用いられる。なぜならば，アプライドドラマは，特別支援を必要とする生徒たちと教師たちが，コミュニケーションを行うための教育方法の一つとして成果をあげているからである。
　準備していたプレ・テキストの物語が進行役の予想外の方向に進んだり，想像を超えたアイデアに出合ったりできるのも特別支援を必要とする人たちとアプライドドラマを行うときの醍醐味である。

(2)事例エピソード１——イギリスでの実践「羅生門」

　イギリス北西部にあるMアートセンターのクリス先生が担任する特別支援学級の生徒たちと出会ったのは2000年春である。この学校には，地域に住む知的障害や身体障害をもつ人が通っている。このセンターはとくに芸術面に力を入れ，絵画，音楽，創作ダンス，

演劇などを毎日体験することを通して，個々の成長を図っている。

　この実践を行った2000年は，日本の学生がやってくるので，センターの生徒たちは，日本文化にふれるために太鼓を練習していた。太鼓は，ドラム缶や箱に皮を張って作った手作り楽器である。クリス先生によると，先生自ら指揮をとり，太鼓の指導に半年かけて一曲を仕上げたそうである。この日，演奏した10人の生徒たちは真剣に先生の指揮棒を見つめ，一生懸命に太鼓を演奏して，私たちに聞かせてくれた。

　彼らは私たち著者をフレンド（友達）と呼び，私たちも彼らをフレンドと呼び返す。フレンドたちはドラマ活動をすることが大好きである。私たちは時間が許すかぎり，ゆっくりとドラマを行うようにしてきた。彼らと実践を行うと，思いつかないストーリーに変わってしまうことがよくある。例えば「羅生門」で，巨大な恐ろしい鬼が3本足の野良犬だったりする。

　アプライドドラマは基本的に参加者の意思と状況でストーリーの行方が変わり，同じものは2度とつくれない活動である。つまり，アプライドドラマは参加者と状況によって多様に変化する。参加者自身の生活の中から物語が生まれてくるからである。特別支援を必要とする生徒たちが，自分自身の現実から始まる物語を，どのように展開させていくかが大きな課題となる。彼らが物語のなかで未来に託す夢は，希望にあふれており，不思議で壮大なシーンがあり，そして幸せな結末を願う気持ちに満ちている。

　特別支援教育にかかわっている人たちは，生徒たちの日常生活とアプライドドラマが，彼らの教育に直結し，必要不可欠であると考えている。つまり，アプライドドラマは「弱者を含む万人のための教育法」である。特別支援を必要とする人々と物語をつくっていく過程でそのことを理解できる。ドラマ活動を通じて，差別を受けがちな特別支援を必要とする人々が，社会において，心理的にも身分的にも同等で統合できる可能性がある。つまり，アプライドドラマは，統合教育としての成果を見いだすことができる。

(3)事例エピソード2——日本での実践例「夢と現実」

　2003年，著者は特別支援を必要とする子どもとそうでない子どもが一緒にレッスンを行っているホット・ジェネレーション（以

下HG）とワークショップを行った。HGには100人以上の子どもが在籍しており、うち40%が特別支援を必要とする子どもである。特別支援を必要とする子どもを対象にしたボランティアスクールとして展開し、知的障がいをもつ子どもを中心に、ミュージカル公演やコンサートを10年近く行っている。

HGでは、アプライドドラマを行うのは初めてだった。著者は「夢と現実」のプレ・テキストを使って2時間の公開ワークショップを行った。特別支援を必要とする子どもとのアプライドドラマに、どのような教育的効果があるのかを知りたいという教育関係者を対象に公開され、全国から20数名の見学者が集まった。

日本工学院専門学校の学生があらかじめプレ・テキストを学び、ティーチャー・イン・ロールや共同作業をHGの子どもたちと一緒に行いながら、アプライドドラマを進行した。

このとき、私たちは事前に、学生6〜7人と、HGの稽古場に行き、子どもたちとエクササイズやゲームなどを行った。著者は、物語がどうやって世界に現れたのかという話を15分程度語って聞かせたあと、グループに分かれて子どもたちと学生たちが「自己紹介と最近あった出来事を伝え合う」課題をするように言った。

このとき、ある特別支援を必要とする子どもが「黄色の花をスケッチしたときに、青や赤の色を塗ったら、先生に『これは本当にそんな色に見えたの？』と疑われたことがあるんだ。でも、光が窓からあたったときに一瞬本当にそう見えたんだよ！」と話してくれたそうである。学生は「僕もそういう経験があるから、君の気持ちがよくわかるよ」と答えたそうである。その学生は、そのときに特別支援の必要な子どもと気持ちが通じ合ったと感じ、統合（インテグレート）という言葉の本当の意味を知ったと、レポートに書いていた。

翌日、ワークショップを行った蒲田のマルチスタジオの壁いっぱいに大きな船をスクリーンに映し出し、「夢と現実」のプレ・テキストを実践した。前日の「黄色い花の話」をヒントに、赤や黄、青、緑のカラーライトを会場内に設置したので子どもたちは大喜びだった。そして音楽を流し、帆船が大海を航海する雰囲気を会場いっぱいにかもし出した。新聞でつくった海賊帽子をかぶった船長（TiR）が子どもたちに号令をかける事前エクササイズから始まった。アプライドドラマは予行練習や台本を必要としないので、子どもたちに

> この実践は、自閉症の子どもたちが色に反応することを傾向としてとらえて、劇を構成し、教育的成果を示した、という事例をある劇団が学会発表している。

はどんなことを行うのか伝えていなかった。そのことが、かえって子どもたちの好奇心をかきたて、アプライドドラマに誘い入れることができた。

　その後も、学生たちが進行役となってドラマ活動をリードしながら物語が進められていき、子どもたちは積極的に参加して船に名前をつけたり、大きな模造紙に皆で自分たちの夢を書いたり、仕事をしたりするという即興劇をつくった。また、協力するとはどういうことかを考えたり、小太鼓や楽器を使って気持ちの高ぶりを表したり、思い思いに自分を表現したりした。進行役はシーンごとに子どもたちに課題を与え、プレ・テキストどおりにグループの共同作業で簡単な劇を考えてもらい、観客の前で元気いっぱい演じてもらうことができた。

　最終的に物語が完結したときに大きな拍手が起こった。拍手はしばらく鳴り止まずに会場内に響き渡っていたことは、いまでも著者の脳裏に焼きついている。この拍手は劇が上手にできあがったことを賞賛したのではなく、学生たちと子どもたち、会場スタッフ、保護者の方々、指導者が協働してきた過程と、2時間皆で時間を共有して1つのものをつくり上げたというインテグレートな満足感と自信の結果であったと思う。「すべての子どもたちに芸術を」をコンセプトにするHGの子どもたちが「声なきメッセージ」をアプライドドラマで表現したのだった。

　ただ一つ残念だったことは、公開ワークショップを最後まで客席から見学していた教育関係者たちが、子どもたちの輪の中に入って実際に参加しなかったことである。アプライドドラマは外から見ているだけでは理解できない部分がたくさんある。実際に参加して、子どもたちと時間を共有して、動いて、笑い、涙しながら話し合って、初めて実感を伴って理解される活動である。アプライドドラマを観客の立場から観察しても、解けなかったり、わからなかったりする謎が潜んでいる。アプライドドラマは、参加することにより理解が深まる活動である。

> アプライドドラマに観るだけの観客の存在を許容する問題については、「夢と現実」の「手引きと背景」(P.94)を参照。

実践例▷ 羅生門

特別学級

2007年7月

参加者：特別学級の生徒10名，日本人学生35名，講師3名（計48名）
会場：チェスター大学講堂（体育館サイズの広いスペース）
時間：3時間（事前に30分交流の時間をもち，ワークショップは2時間半で行った）
使用プレ・テキスト：「羅生門」（P.110参照）
目的：①特別支援の必要なイギリス人と，英語での会話にハンディをもつ日本人の交流。②お互いが思いやりをもちながらかかわることを通して，国際交流の経験をする。③参加者がもっている，コンプレックスや不安を乗り越えていく経験をする。

> **実践状況**
> 日英友好研修の一環としてワークショップを実施した。大学の講堂に全員が集まり，物語の内容は事前に伝えなかった。特別学級の人（15歳から50歳）たちはさまざまな特別支援が必要なので，付き添いや介助者を含めて，学生たちとグループを組み，できる範囲で活動に参加した。

事前エクササイズの前に，全員が入場したあと，お互いの自己紹介に，いままでの学習の成果を発表し合った。まず日本人学生が持参した和太鼓を使って10分間（3曲）を演奏した。その後，Mセンターの10人がドラム缶で5分間演奏した。この「エールの交換」のような導入活動はグループ同士が知り合い，ドラマを円滑に進めることに役立った。「心を開き，疎通を感じ，言葉を使わずにお互いを知り合うことができた」とワークショップ後のレポートに書いた学生が何人もいた。

事前エクササイズ　特別支援の必要な参加者は，ゆっくりだが自由に走り回れる人6名，車いすの人1名，介助者と一緒に歩ける人2名，ゆっくり歩けるが参加したくない人1名だった。スローモーション鬼ごっこは，走る代わりに体全体を使って表現した。特別支援が必要な参加者は手を動かす代わりに，表情を使ったり，目線を変化させたり，体全

体を前に傾斜したりと，さまざまに工夫していた。彼らの傾向として，鬼に捕まることをむしろ楽しんでおり，捕まったあとも鬼の一部となって，体を動かそうとしていた。

課題 1

自由に動くことができない人がいたため，特別支援の必要な参加者と学生で 7 名のグループになり「人食い鬼とはどんなものか」を話し合った。言葉が通じなかったり，思うように説明できなかったりしたので紙とペンを用意した。絵や形を書いたり，パントマイムでコミュニケーションし，意思を伝え合った。

課題 2

全員で 1 体の人食い鬼をつくった。車いすの人や，動きが不自由な人を中心に形づくっていき，小太鼓や笛で，鬼が近づいてくる音や，村人の恐怖心を表現し，全員が何らかの形で参加できるようにした。このフィジカルシアターで，参加者たちは課題に積極的に参加し，お互いを思いやり，協力して作業するチームワークを体験できた。

全員で行ったため，課題 3 は省略した。

課題 4

対話を使ったドラマ活動をできない参加者がいたので，有志 2 人を募り，全員の前で，即興劇を演じた。2 分程度の会話を 2 組指名した。自慢がエスカレートしていく会話に，全員で大笑いした。

武士 A「私は前回の戦で敵の大将の首を取ったんだ」

武士 B「私は敵の大将の宝物を全部うばったことがあるぞ」

武士 A「そのときの戦は嵐の中ですごい風だったよ」

武士 B「私が戦に出たときは台風で竜巻が起きて槍が降ってきたぞ」

武士 A「悪天候の中で私は大将の首を取ったあと，次々に敵を倒し刀一本で化け物や海賊を切りつけて勝利を勝ち取ったんだ」

武士 B「ほー，それはすごい。しかし，私は台風と竜巻の中で，ようじ 1 本で巨大な恐竜を倒したぞ！」

武士 A「ほー，これはどうだ。さきの戦で，私は 10 個の頭をもつ化け物と竹の棒 1 本で戦って勝ったぞ」

有志が行ったため，課題 5 は省略した。

武士 B「そんなの軽い軽い。私は 20 本の足と 50 の目をもつ化け物とようじ 1 本で勝ったことがあるぞ」（続く）

| 課題6 | 進行役が各場面を演じる有志を6名指名した。1人ずつ前に出て，各場面を即興で演じた。進行役がお題を言い，指名された人が即座に動作を行うこの課題は，非常にスピード感があり，見ている参加者を楽しませた。グループに分かれて行う課題は移動したり座り直したりする時間がかかるため，物語が中断されることが多くなってしまう傾向がある。このようなインプロ・ゲームの応用編は，テンポがあって参加者は楽しんでいたようだった。 |

有志が行ったため，課題7は省略した。

| 課題8 | 進行役が指名した有志が1人ずつ前に出て，各場面を即興で演じた。進行役がお題を言い，指名された人が即座に動作を行った。 |

| 課題9 | 全員が1列になって進行役がTiRで演じる渡辺の前を1人ずつ通り，それぞれの参加者が鬼の腕を見に来た村人として，動作したりひと言語りかけたりした。全員が数秒ずつ何かを表現できる場面をつくりたいと思い，導入した。参加者は，いろいろな表現を楽しそうに行っていた。 |

| 課題10 | 4～5名ずつを指名して，大工，鍛冶屋，細工師の職人たちが箱を作る作業を動作で表現した。テンポのよい音楽をかけ，1分ずつ，箱にくぎを打ったり，のこぎりで切ったり，ペンキを塗ったりする作業を表現した。見ている参加者も次々に展開される動作に興味深く見入っていた。最後に進行役が「そして，ついに頑丈で立派な箱が完成しました」と重そうにふたを開ける動作をするとき，全員で「ギー」と箱を開ける音を加えた。 |

| 課題11 | 言葉の壁があるため，近くの人と話し合えない参加者は，紙に書いたり，身ぶりで伝えたりしてコミュニケーションした。結果的にほとんどの参加者が，お互いに伝え合うことができた。 |

| 課題12 | グループで話し合うことがむずかしかったため，TiRの渡辺と，有志の乳母の会話を見ることにした。そして，感じたことや意見を，発言できる人や思いついた人に聞き，ほかの参加者はその意見に賛成か反対か挙手するようにした。 |

課題 13

参加者から出た意見を書き込んだ後，進行役がその一つ一つを読み上げた。こうすることで字が読めなかったり言葉がわからなかったりして，どんな意見が出たかわからなかった人でも，理解できた。

課題 14

個人作業で行った。それぞれが考えた3つの動作を，一斉に，イメージフラッシュで音楽に合わせて繰り返した。頭を抱えて転がる者や，戦のシーン，スーパーヒーローのように仁王立ちする者，鬼の腕を抱えて勝利を表す者など，さまざまな方法で表現した。

イメージフラッシュについては，P.180 参照

課題 15 は省略した。

課題 16・17

物語の続きをつくる発展的活動を行った。人数が多ければいろいろなアイデアが出やすいと思ったため，各グループの人数はふだんより多く7〜8人とした。全員が何らかの役になり，8分間で，物語の続きを自由な発想（動き，せりふ，静止画など）で表現した。具体的には，次のような表現があった。

グループ1：利き腕をなくした渡辺は，しばらくふさぎ込んでいたが，反対の腕で刀を持つ練習をして，また戦に出られるようになる。

グループ2：仲間の武士たちを同行して鬼の館に乗り込み，取られた腕を取り返し，手術をして，両腕の渡辺に戻る。

グループ3：渡辺は仲間の武士たちや村人たちから笑われている夢に毎晩うなされて，ノイローゼになってしまうが，ある日，そんな渡辺を可愛そうに思った娘が現れ，結婚して幸せに暮らす。

グループ4：渡辺は武士をやめて農家の仕事を手伝い，米づくりをする。

グループ5：渡辺は自殺してしまう。そして，あの世で五体満足な体でまた戦に出る。

2 刑務所，矯正施設でのアプライドドラマ

> 更生教育は，「更正」ではなく「更生」という言葉を使う。更生とは，反省や，信仰などによって気持ちや考え方が自然に変化することを表現している。

更生教育は，刑務所・矯正施設などに収容されている，犯罪をおかしたり，非行行為を行ったりした人たちなど，社会から隔絶されやすい人々のための教育である。これらの更生教育における，アプライドドラマのエピソードを紹介する。

(1) 導入の背景

> 保護観察所
> Young Offenders。若く，社会の秩序を乱す者を一定の期間収容して教育する施設で，イギリスでは刑務所敷地内にある。

> 女子矯正施設
> 女子専用の保護観察所（Young Offenders）。大きな犯罪をおかす前に教育して社会に送り出す施設で，やはり刑務所敷地内にある。

> GESE
> General Certificate of Secondary Education。

> Aレベル試験
> 大学進学資格に相当する。

> ESOL
> English for Speakers of Other Languages。外国人の英語レベルを測るテスト。

アプライドドラマは，保護観察所や刑務所の受刑者や，青少年非行防止および非行少年の更生教育，反社会的な人々への教育，病院における更生教育等に導入されている。著者は，イギリス北西部の国立男子刑務所や女子矯正施設，女子刑務所に定期的に出向き，受刑者たちと毎回いろいろなプレ・テキストを使ってアプライドドラマを実践している。これらの刑務所は厳重な防犯設備を整えており，刑務所の中に入るには，講師でさえ身分証明提出と指紋採取のうえ，審査がある。さらに訪問のたびに毎回当日のボディチェックとエックス線セキュリティ検査がある。私物は一切持ち込めないので，ドラマで使う最小限のCDや小道具も数週間前に申請をして事前に刑務所に郵送しなければならない。また，一度入ると簡単に出入りすることもできない。一日がかりで行うことになる。

北西イングランドの国立男子刑務所は，1200人以上の受刑者が収容されており，個人の選択で仕事や教育プログラムを受けられる。受刑者たちは仕事をするといくらかの収入が得られ，刑務所内の売店で日常品などを買える。さまざまな教育プログラムからは，希望のものを選択できる。刑務所には20名前後の常勤講師がおり，服役中にGESEやAレベル試験，ESOLや各種技能試験の受験準備などをすることができる。さらに，服役後，社会復帰するためのさまざまな訓練が行われているのである。

S女子刑務所では450人前後を収容している。この刑務所でも，服役中にパソコンなどの各種技能を身につけ，社会復帰に役立つ教育がなされている。矯正施設や保護観察所も兼ねているこの施設

には，18歳から65歳までの年齢層の軽犯罪者が収容されており，託児所や，母親と赤ちゃんが一緒に過ごせる小部屋，カームセンター（Calm Center）と呼ばれる気持ちを落ち着かせる部屋が完備されている。受刑者の心のケアやサポートのために，ドラマ教育を含む各種の芸術教育が用いられている。アプライドドラマもそのプログラムの一つである。24時間体制で，健康面を相談できる体制や宗教を重んじるチャペルもある。この女子刑務所は，イギリス国内における「共同生活体をもつ最高の女子刑務所（Best Women's Community Prison）」をめざしている。

このような整った環境で，アプライドドラマは，社会復帰と更生をはかる人たちを対象に，規則正しい生活を繰り返すことと自分の新しい可能性を開拓すること，そして一度罪を犯した人たちにも社会復帰の希望を提案できることなどをねらいとして実施される。更生教育に使うプレ・テキストは，途中のプロセスも大切だが，物語の続き（未来）をそれぞれの参加者がどのように展開させていくかが重要である。物語はあくまでも問題提起にすぎない。今後の回復と前向きな将来を考えることが，受刑者の社会復帰や人間更生に役立つと考えるからである。プレ・テキストはその都度参加者に合わせていろいろなものを使う。

(2) 事例エピソード――
イギリス男子刑務所での実践「雪女」

① 入室時から始まるドラマ――導入の重要性

男子刑務所の授業開始のベルと同時に，私たちはいつもどおり簡単な自己紹介をし，「前回は『犬と鳥』を行いましたが，今日は日本の物語『雪女』を皆で演じながら考えていきたいと思います」と伝えた。すると座っていた11人のうち，一番端で床をじっと見つめていた受刑者が，大声で「日本では犬や猫を食べるんだろ？」と話をさえぎるように叫んだ。進行役（グリーン）はすかさず「私はベジタリアンなので肉は食べません。しかし……ほかの人も犬や猫は食べたくないと思いますよ！」と答えた。いままでの経験から，この受刑者を頭ごなしに否定してしまえば，心を閉ざしてしまう，と考えたためである。その答えに物足りなかった様子の彼は，「テレビで見たんだ，犬を食べさせるレストランがあるってのを」と切

り返してきた。進行役が「それって，中国の話じゃなかった？」と聞くと，彼は「日本って中国の一部だろ？」と言った。

そこで，進行役はアジアの地理を説明し，日本は海に囲まれた小さな国で，中国は海をはさんで隣接した大国であることを説明した。するとほかの受刑者が「日本は小さくないよ，イギリスより大きいじゃないか！」と反論した。進行役は，「そのとおりです。イギリス全土は，日本の本州とほぼ同じ大きさですね」と答えた。この会話を，最初に質問した受刑者は口元に笑みを浮かべながら聞いていたが，すぐに「あんた，イギリスにきて何年になる？」と質問した。進行役（グリーン）の「そうね，20年近くになるわ。この国は居心地いいからね」という答えに満足したのか，そのあとも斜に構え，目線はいつも床を見ていたものの，「雪女」の物語には真剣に耳を傾けていた。つまり，彼は否定的なメッセージを表面上送り出していたが，内心はアプライドドラマに関心をもつきっかけを見つけたようであった。

このようにアプライドドラマは，会場に入り，参加者と顔を合わせた瞬間に始まるものである。更生教育の参加者は精神的に傷ついており，他人に心を閉ざしている場合が多い。そのため，外から教育のためにやってくる得体の知れない異性の外国人に対して警戒する気持ちを表現することがある。そこで，著者は一方的に教えるというやり方を避けるために，いろいろな方法で彼らとコミュニケーションするように心がけている。通常，プレ・テキストをする前に事前エクササイズや会話を行い，参加者の特徴や傾向を探る。全体の雰囲気を把握したうえで，ワークショップをどう進行させ，どんな課題が適切かをすばやく考え，参加者たちの状況に合わせて臨機応変にドラマ活動を行う。

②参加者の状況に合わせてドラマを改変する──課題の変更

この日のワークショップは共同作業が苦手な参加者が集まっていたため，課題の一つである5～6人のグループでの話し合いをやめ，隣の人との意見交換に変えたり，参加したくない人は着席したまま意見だけ言ったりするようにした。アプライドドラマは，進行役と参加者たちが自由に形を変えられる。一人一人の参加者を個人として尊重することで，それぞれの受刑者の積極性を徐々に引き出すことができる。すると不思議なことに，時間が経過するにつれて，参加者全員が自然に物語を共有できるようになる。進行役も，

ここが刑務所の中であること，受刑者という参加者たちと一緒に活動していることを忘れてしまう。進行役も参加者たちも「雪女」の世界にのめり込んでいく。そして，それぞれのシーンごとに遭遇する課題や会話が，複雑にからみ合い，多層になっていき，一人一人の受刑者の生き方と重複し，新しいドラマが生み出されていく。

また，参加者たちは知らない世界の話題をシーンの合間に入れると興味を示す傾向がある。「雪女」は参加者の想像と発想で，物語をさまざまに変化させられる可能性がある。物語の背景から，日本語の「想」という字の成り立ちを考えてもらうことにした。

「日本語はアルファベットと違って文字そのものが意味をもつ」ことは，彼らにとって非常に興味深いようである。「木の陰から心をもった目がのぞいている」という「想」の字のつくりを説明すると，参加者の想像力を刺激することができた。そして，「雪女」の物語がさらにふくらみ，アプライドドラマの展開に参加者たちが協力するようになった。

日本がどこにあり，日本人はどんなものを食べるのかなど，いままで考えたこともなかった受刑者たちが，日本という新しい文化と出会い，新しい考え方にふれ，真剣に耳を傾けるようになった。彼らは社会復帰したら他人の意見に耳を傾け，社会と調和して生きていかねばならない。アプライドドラマを経験することは，受刑者たちの今後の訓練でもあり，それこそが更生教育の要であるといえる。

③**未来を考えさせる重要性——結末**

この日の「雪女」最後のシーンは，異なる3つの結末になった。第1は，雪女が去ってから10年後，父親が子どもたちに真実を語ろうとしたちょうどそのときに雪女が帰ってくる。しかし，子どもたちはすでに母親のことを忘れかけていた。月日がすべてを変えてしまうという結末である。第2は，雪女は去る前に子どもたちに1年に7歳ずつ年を取るという呪いをかけていく。そして久しぶりに帰ってきた雪女を迎える子どもたちの姿はなかった。子どもたちは皆急速に年を取って死んでしまった，という結末。第3は，末の子どもが雪女の生き写しであり，つねに雪女は家族と一緒にいるのだがそのことはだれも知らないという皮肉な結末であった。このように，アプライドドラマでは，結末において，物語の未来を考えさせることが重要なポイントである。とくに，刑務所でアプライドドラマを行う場合は，このことを重視する必要がある。

実践例 ▷ ザ・ゼ・ゾ

女子刑務所

2008年10月

参加者：女子受刑者15名（うち保護観察対象者3名含む）
会場：イギリス HR Prison, S刑務所, エデュケーションルーム
時間：2時間
使用プレ・テキスト：「ザ・ゼ・ゾ」（P.123参照）
目的：①参加者たちがおかれた現状とアプライドドラマを結びつけることができる。②社会復帰したときを想像して，勇気と希望をもてるようになる。

> **実践状況**
> 　一般教育と出所後の生活に役立つ技術（美容師やパソコン技術など）の教育に力を入れている刑務所で行った。当日は言語教育の時間を利用した。まずは受刑者のクラスのいくつかを事前に訪れ，「お城に住む3人のお姫様の物語」を持参してきたことを告げ，自主性と積極性をもってドラマに参加するよう促した。ワークショップを受けに集まった受刑者たちには，見ているだけでも劇に参加してもよいことをコントラクトで伝えた。ふだん設置されたままの教室の机といすを端に積み上げて，ドラマを行うスペースをつくった。

　著者が教室に入ると，受刑者は2～3人のグループになり雑談していた。ファッションや靴のデザインのこと，自分たちの家のことなど，話している内容や私服からそれぞれの個性が推察できた。そのグループをそのまま使い，事前エクササイズなしでドラマ活動に入った。つまり，参加者たちをグルーピングによってばらばらにせず，自然に集まっているグループを使って始めた。

課題1　　シーン1のあと「もし，皆さんが3人のお姫様だとしたらすてきなお城に住んでそこから出られないで暮らすことをどのように思いますか？」と参加者全員に質問した。参加者たちは，いままでこのような質問をされたことがないので，しばらく黙っていたが，徐々に話し始めた。そして有志3人がザ・ゼ・ゾ役になり，前に出て，

5分間の即興劇を始めた。ザ役の大柄な参加者は，気が強いお姫様として「お城に住む私たちはしょせん，刑務所の檻の中と同じなのよ。でもいつかはきっと外に出てみせるわ」，ゼ役の小柄でアジア系の参加者は「こんなにすてきなお城にいられて私は幸せ。毎日美味しいものを食べて，きれいなドレスを着て私はここが大好き」，ゾ役の年配の参加者は「私たちは年ごろなのよ。すてきな恋がしたいわ」と，それぞれ性格の違う登場人物を個性的に即興で演じた。刑務所では自分と正反対の性格や希望が役づくりに投影されることがよくある。大多数の参加者が城と刑務所を重ね合わせて物語に臨んでいた。

　また，ある参加者の「お父さんはどうして娘たちを外に行かせたくなかったのでしょうか」という質問には，ザ「私たちを一生檻の中に入れておきたいのが父親の考えよ。権力を見せつけているんだ」，ゼ「外には危ないことがたくさんあるから」，ゾ「変な男に捕まったら困るから」と答えた。

> 課題1の発表方法を変えたため，課題2は省略した。

課題3・4・5

　この課題には全員が参加した。参加者は3グループに分かれ，登場人物を表す音や，その性格，考え，嗜好などについて話し合った。グループでの話し合いを苦手とする参加者も「姫」という架空の人物という設定なので，意見を出したり，脚色したりすることに参加できた。音は消防車のサイレンの音や警報機の音など，面白い案がたくさん出た。

　その後，4人1組になり，フィジカルシアターを使って，それぞれの部屋を表現した。教室にあるものや身につけていたものを自由に使って表現してよいとした。ザの部屋は，「大きな竜が部屋中に描かれ，赤と金をおもにした豪快な部屋」となり，3人が竜を表現し，1人が部屋の真ん中に大の字に寝転んだ。ゼの部屋は，「ぬいぐるみに囲まれた白を基本にしたメルヘンの世界で，鳥の羽やふかふかのじゅうたんがある部屋」となり，全員がお気に入りの熊やウサギなどのぬいぐるみになった。ゾの部屋は，「ハートがたくさん付いたロマンティックなデザインの部屋」で，全員が人差し指と親指でハートをつくってあちこちに散らばって表現した。寝室という部屋は，個人の安らぎの場というイメージを引き出すことができる。これを考えることで，自分の希望や役をイメージしたポジティブなアイデアを想像できる。想像を体で表現することで，思いを発

散させる体験をした。さらに，参加者たちがイメージしたことをグループで話し合い，協働してイメージしたことを体で表現することを通して，それぞれの内なる思いや夢や希望を具体的な形として表現する経験をしたのではないかと考える。つまり，この経験は，参加者たちにとって，内面に押し込められた気持ちを発散させる機会にもなったと考える。

課題 6

「秘密の抜け道を通って，一番初めに行きたいところ（見たいもの）は何か」という質問は，参加者にとって重要な質問である。この質問は，参加者たちが，更生への希望をもつことにつながる。全員一人一人に希望を聞き，それについて皆で意見し合った。ザ・ゼ・ゾともに，「友人や知人に会いに行く。バーやショッピング」「夫に会いに行く」など，アプライドドラマの活動で登場人物を演じていることを忘れて，自分のしたいことを言う人もいた。そして，多くの参加者が，物語に関係なく自分たちの希望そのものを語っていた。

> 課題 7・8 は省略した。

課題 9

参加者がつくった秘密の抜け道（試行錯誤のトンネル）は，曲がりくねって起伏があり，いくつもの分かれ道があるものだった。TiR の姫が通るときに，どうするべきかささやく者，怒鳴る者，導く者など，さまざまな登場人物を演じて，参加者たちに語りかけた。TiR という「コンベンション」を使って，このように参加者にかかわることによって，参加者たちの感情が徐々にドラマ活動の中で発散していくようであった。

> 試行錯誤のトンネルについては，P.129, 183 参照

> 課題 10 は省略した。

課題 11

姫が外に行くべきか，留まるべきかを「心のものさし」で問いかけたところ，全員が外に行くべき道を選択した。この選択は，参加者が，将来を前向きに考え，自分の未来を切り開く希望をもっている表れである。城に残す父王については，「後日，様子を見に行く」「話し合って，自分たちの求めることを伝える」「子どもを連れて数年後に戻る」などという意見が出された。つまり，ある種の条件がつけられた意見であった。

> 心のものさしについては，P.130, 183 参照

> 課題 12 は省略した。

3 病院でのアプライドドラマ

　　更生教育として，病院や介護施設等で行う場合は，刑務所とは異なる目的や配慮が必要になる。

(1)導入の背景

①病院でのアプライドドラマ

　患者たちは，病気という生命にかかわる恐怖の中で，狭い建物から外に出ることもできない状態である。病院で行うアプライドドラマのねらいは，不自由を強いられて生活する人たちに回復の希望をもたせ，元気を与えることである。大きく分けて2つのパターンがある。1つは入院患者とのワークショップであり，もう1つは，病院職員とのワークショップである。

②介護施設・老人ホームでのアプライドドラマ

　老人ホームや高齢者介護施設におけるアプライドドラマは，高齢者と若い世代の人々が一緒に何か作業ができ，交流をもてる場を多く求めているので，これを実現できるプレ・テキストを行う。ワークショップを通して，世代の違いから起きる誤解や嫌悪を少しでも解消できるように，お互いに話し合う課題を多く設定する。それは，異世代間で同じ物語を共有し，演じることを通じてお互いに他者を知り，自己について考え合うためである。

　高齢者増加に伴い，アプライドドラマにおいて，介護施設や老人ホームでの実践は，最近需要が増えているソーシャルワーク分野にアプライドドラマを導入することは，社会貢献のためにも重要である。

(2)事例エピソード——病院での実践

①入院患者へのアプライドドラマ「犬と鳥」

> 「犬と鳥」のあらすじは，P.186参照。

　例えば11～16歳の小児病棟に入院する子どもたちは，家族や友達に会うこともできず，病魔や治療と日々闘っている。そこで，

「犬と鳥」というプレ・テキストを使ってアプライドドラマを行った。子どもたちは，物語の中で鳥が遭遇する「大やけど」という死との向かい合わせの状態や，片目で生きる犬の前向きな姿，回復という夢に向かっての選択，親友との別離，砂漠の真ん中に残された孤独感，未来に向けての大きな希望を物語の中に見いだした。とくに，未来に向けての大きな希望は，病院での患者を対象にするときに重要である。参加者である入院患者たちが，現実を考えながら将来を見つめ，未来に夢や希望を抱くことは，彼らにとって必要なことである。「犬と鳥」のように動物が主人公の寓話は，だれにでもわかりやすく，親しみやすいため，これらのことについて考える糸口を提案しやすい。

②病院職員へのアプライドドラマ「桃太郎」

ふだん過酷なシフトに追われ，人の命を預かるという，ストレスの多い病院職員へのプログラムである。プレ・テキストは，彼らが自分自身や仕事を見つめ直し，自分の存在意義を確認することの手助けをする。彼らとアプライドドラマを行ったあとには，「ドラマ活動で行うグループの話し合いやコミュニケーションから生まれる信頼関係は，病院職員の仕事そのものと重複することが多い」という感想をもらうことが多い。

「桃太郎」を大規模総合病院の看護師たちと実践したときには，ある参加者は桃太郎が過去を振り返るシーンや，困った人を助けるシーンで，自分自身の反省になったと話した。また，「資格を取るための長い訓練期間や，多くの実習，試験などを思い出した。それが現在に生かされていることを忘れてはいけないと思う」「自分自身に余裕がないと，人のケアをしたり，命を預かったりする仕事はできないものです」と語ってくれた参加者もいた。

実践例 ▷ 桃太郎

病院職員

2007年4月

参加者：がん治療専門病院に勤務する看護師35名
会場：アローパーク救急指定総合病院・トレーニングセンター
時間：3時間
使用プレ・テキスト：「桃太郎」（P.58参照）
目的：①参加者たちが，人の命を預かる職業意識を忘れて，ドラマ活動を楽しむ。②自己開発と解放の経験をする。③自由に個人の意見や考えを発言できるようになる。

> **実践状況**
>
> この研修は，「専門看護師の質の向上とさらなる熟練」にかかわる新しいコース。この研修は，健康管理トラストに属する医学大学を所有する救急指定総合病院が行政が提案する新しい研修である。第一段階としてアプライドドラマを試み，上級資格取得を希望する看護師たちが受講・参加できるようにした。今回の実践はこの病院で医学・看護を教えるティム・ロバート教授との共同研究・実践ワークショップの一部である。進行役は，「参加者の状況や立場に応じて，どのようにプレ・テキストや進行を変え，調和させていくか」にとくに配慮するようにした。

> 健康管理トラスト
> 政府から直接財政資金を受け，独自の理事会を有し，地域の保険組織からは独立して運営されている公立病院。

この実践では，参加者が成人だったため，よりねらいに迫りやすくするために，「桃太郎」のシーンや課題を以下のように変えてワークショップを行った。

・桃太郎は成長して17歳，立派な青年になる。
・桃太郎は世界を支配する魔力をもつ仙人に会うために旅立つ。桃太郎は，自分が仙人から知識を学ぶ使命を受けてこの世に送られたのだと，大きくなるにつれて悟ったのである。
・旅立ってから半年後，仙人の住む寺院に到着する。
・仙人は寺院の門の中から「敷居を越える前に忠告をしておくぞ。お前が一歩でもこの中に入ったなら，3年間は一歩も外へ出ることができない。過去の世界には戻れない。さあ中へ入りなさい」と言う。桃太郎は人生の決断を迫られる。

| コントラクト |

看護師たちにまず，携帯電話（呼び出しベル）を切るように依頼した。看護師は常に緊急の呼び出しに対応できるよう訓練されているため，勤務中は緊張から解放されることはない。電源をを切ることは，医療従事者として，緊急事態に対応できず，コミュニケーションを絶つという大きな不安を感じることであると同時に，チャレンジでもあった。進行役は「危険を冒すこと」をあえて参加者たちに要求した。このことは，活動を始める前に議論になった。

今回のコントラクトは，「毎日の分刻みの生活を一時でも忘れることができるか」「それができるよい方法を見つけることはできるか」という提案でもあり，活動の目的であった。進行役と参加者は，呼び出しベルを切ることは，現実逃避ではなく，個人の考えを伝えたり表現したりできる場をつくることであり，ドラマを通して考えた課題を実生活に反映し，現状を省みる重要なステップになるという結論が得られた。さらにがん病棟で人々の命を預かる専門看護師の仕事の向上面でも役立つのではないか，という意見もあった。演じることで，常に何かにしばられて問題を抱えている気持ちを解放させることには，意味があるのではないかという点についても，参加者と時間をかけて話し合った。プレ・テキスト内に，高い医療専門技術のエピソードや，他国の物語や文化，言語の話題を入れることも看護師の心の解放に役立つのではという考えもでた。

| 課題 1 |

設定を改変したため，課題2は省略した。

全員で協力して，動き回れるスペースをつくった。音楽をかけてシーン1のナレーションをし，課題1の年齢を設定したあと，時間をかけずにテンポよく進め，赤ん坊を抱いて村に駆け込むシーンにつなげた。

| シーン 2 |

演劇経験がほとんどない参加者の間をぬって，進行役が転がるように騒々しく駆け込むことで，参加者をドラマ活動に巻き込み，村人に見立てて話しかけた。反応は「一体何が始まったのか？」というとても冷静なものであった。ほとんどの参加者が医学根拠に基づき否定的な第三者として参加していたので，TiRから進行役に戻り，「桃から赤ん坊が出てきたという状況を，看護師であるという自分の立場を忘れて考えてみてください」と発言した。この発言は，彼らを傍観者からドラマ活動の参加者に変化させた。これをきっかけに，参加者たちは，立場や専門職の緊張を忘れてドラマに参加できた。

| 設定を改変したため，課題3は行わず，新しい課題を設定した。 | 「ある貴族の跡取りとして生まれた赤ん坊がみにくい奇形児だったため，世間の体裁を考えて桃の形をした船をつくり，それに乗せて川に流した」などのいろいろな意見やアイデアが出るようになった。 |

| 課題4 | 桃太郎が旅立つ決意を伝える課題は，ふだん，常に生と死の狭間で仕事をしている看護師たちにとって，年取ったおばあさんを気遣うものが多かった。桃太郎の決断は，おばあさんとの別離を意味するようにとらえ，永遠の別れという対話をつくる人，余命短いおばあさんを見捨てることはできないという人，など特別な思い入れと親子間の愛を語り，真に迫るものが多く見られた。シーンが真剣になりすぎることで，逆に，見ている者からは笑いがもれ始めた。これをきっかけに，参加者の間にあった，張り詰めていたものがなくなり，心を解放し，自由に表現できる流れが発生した。参加者は物語を創作することを楽しむように変わった。 |

| 設定を改変したため，課題5・6は省略した。 | |

| 課題7・8 | どのグループも，病状や病名など，専門知識と経験を生かして，大変細かくシーンを設定した。病魔におかされた悲劇や，医療ミスの原因追求・訴訟に発展する様子をコミカルかつシニカルに演じた。専門知識を面白おかしく利用することで，多くの笑いが起こった。そこで，この課題に時間をかけて各グループの話を発展できるようにした。このように病気やけがの話題を笑いに変えることはふだんできないことだという。ワークショップ後にも課題に関連して，参加者同士が議論を深める材料となったそうである。 |

| 設定を改変したため，課題9・10は行わず，新しい課題を設定した。 | |

| シーン6 | 桃太郎（TiR）が寺院に到着し，扉を開けて入ろうとするところで，物語を止め，参加者に「桃太郎はこの後どうするのだろうか」と聞いた。全員の参加者が，桃太郎は中に入ると答えた。 |

| 課題11 | 「敷居を越えたら3年はもとの世界に戻れない」というひと言は，参加者に多くのことを考えさせるきっかけになった。入ることについての条件が加わったからである。この課題の意思決定は，ワークショップの中でもっとも参加者たちの意見を変化させた。「寺院」は「看護師として働くこと」の隠喩で，「入らない」ことは，仕事をやめるということだととらえられた。参加者が一度は考えたことがあり，身につまされる選択だという。 |

この段階になると，参加者自身の現在までの経験談や，感想がいろいろ述べられるようになった。参加者の全員が，「看護師という仕事を通じて日々多くのことを学んでいる」と答えた。職場では，仕事だけでなく人間が生きるための現実を知り，自身も向上していくことができる。しかしそのために病院内での規則に従い，呼び出しや夜勤など，常に緊張が伴う制限された生活を強いられることが明確化された。この「もっと自由に，自分がやりたいことを自由に表現しながら気楽に生きることは可能なのか，それでも専門看護師という仕事を選択するのはどうしてなのか」ということを参加者たちはドラマ活動の中で考える機会を得た。つまり，桃太郎の寺院に入るか否かの選択・決断は，看護師たちの日常生活で行われている選択・決断の隠喩になっていた。参加者たちは，「桃太郎」というプレ・テキストを通じて，自己を振り返り，洞察する経験をドラマ活動で経験したことになる。

> 課題12・13は省略した。

終わりに

　ドラマ活動後に，10分間，ワークショップの内容や感想を話し合った。参加者たちは，次のように率直かつ活発に意見を述べていた。例えば，自分の技術や知識で患者対応が十分なのかという不安を解明しなければいけないことや，生命を預かる重い責任や死による恐怖を同僚たちと分かち合いたいこと，公認されていないが看護師自身の心のケアや，仕事に見合った収入を得たいことを病院側に伝え，自分たちのステータスを確立することで生活の向上を図りたいこと，医療に携わる専門家としてさらなる知識や経験を積んでいきたいこと，などである。そして，今回のようなアプライドドラマの活動が，医療機関において，病院側と患者側両者の安全と前進につながり，両者をつなぐ架け橋になりうると話し合われた。

　ドラマ活動で自分を解放することで，「新たに向上した医療サービスに取り組めるようになった」と語る参加者がいた。この意見を取り入れ，ワークショップ後に，医療技術の指導教授から，ワークショップで話し合われた課題をより深めるために今後2週間にわたるプログラムを組むつもりだと発表があった。このドラマ活動では，プレ・テキストが心の解放のきっかけとなり，参加者たちが考えなければいけない問題点を掘り起こし，自分の考えを素直に出し合う機会ができた。そして，同僚が抱えている不安や心配ごとを聞き合う機会をつくることにもなったと考える。

4 コミュニティ，社員研修，生涯教育でのアプライドドラマ

(1) 導入の背景

　イギリスでは，学校や劇場だけでなく，地域のコミュニティや会社などでもアプライドドラマが行われている。

　コミュニティで行うアプライドドラマには，子どもからお年寄りまで，さまざまな年齢の人が参加するのが特徴である。

　コミュニティでアプライドドラマが行われる理由は，次のようなことが考えられる。第1に，円滑にコミュニケーションが行われる方法であるから，第2にだれにでも理解しやすく学びやすい方法であるから，第3に物語の引用や物語に含まれる隠喩を使って，考えるべきテーマに気づくことができるから，第4に地域の異文化による対立を一体化し，地域としての統一を図ることができるからである。つまり，アプライドドラマは，地域の活性化や世代の違いから生じる行き違い，無理解に対し，お互いが歩みよる手段の一つとして用いることができる。

　イギリスでは，コミュニティや地方行政の主催で，多くのイベントや生涯教育が年間を通して企画・運営されている。地域のさまざまな人に学びの機会を無料または有料で提供している。著者は，さまざまなコミュニティから依頼を受けてアプライドドラマのワークショップを行うことがある。年齢層や立場に幅があるため，コミュニティでのアプライドドラマは意外な発想がみられて面白いことが多い。

　子どもの集いや地域のイベントなどでもよくアプライドドラマが使われる。図書館や公民館などで，小学校低学年から高学年向けに，夏休みやイースター休みのイベントとして，よく行われる。「ドラマ・ワークショップ」と呼ばれることが多い。1時間程度のドラマ活動のワークショップである。著者が行うのは，アプライドドラマをベースとした参加型ドラマ活動である。エクササイズ・ゲームをいくつか組み合わせ，子ども同士がコミュニケーションを楽しむ

> **コミュニティ**
> 一定の地域に住んでいたり，ある団体に参加していたりして，集団に属しているという意識をもつ人々が構成する共同体をさす。

ようにする。子どもたちが，実際に電話機や日用品を使いながら物語を創造し，展開していく生活の中のドラマ活動も行う。

(2)事例エピソード1――イギリスでの実践「桃太郎」

　2009年10月，チェスター市とチェスター大学が提携して企画した芸術・文化祭で「日本の物語を使ったアプライドドラマ」という実践をした。参加者の国籍は12か国，年齢差は50歳にわたった。

　アプライドドラマは通常，小道具に頼らず，ティーチャー・イン・ロール(以下TiR)で行うことが多い。しかし，このときは鬼のお面，下駄，足袋，着物，日本手拭など，日本を想像できる小道具をいくつか準備し，導入に使用した。コミュニティで行う場合は，物語に関係する印象の強い「もの」から参加者の想像力を刺激し，物語を発展させる方法をよく用いる。参加者同士の言葉の壁や文化の違いを，象徴的な「もの」によって視覚的・感覚的に補うためである。

　参加者たちは，足袋を「ブタの靴下」と言ったり，「なぜ鬼の顔は赤や青なの？」「長い着物の袖は邪魔じゃないのか？」「下駄のような歩きにくい履物でどう生活するの？　雪が降ってもこれを履くの？」と質問したりした。このときの参加者は初めて見る日本の「もの」に強い興味を示したのでその日のドラマ活動は初めから終わりまで，笑いがたえなかった。そして，参加者全員がさかんに意見を交換する，和やかな雰囲気をつくることができた。このように，アプライドドラマにおいて象徴的な小道具を使うことでスムーズにコミュニケーションが始まり，楽しく物語を進めることができる。

　この日のプレ・テキストは，参加者のアイデアで次のように変化した。「桃から生まれた桃太郎は素直で立派な青年に育ちますが，社会はそんなに甘いもんじゃありません。皆に好かれているかのように見える桃太郎ですが，村には，ひそかに彼を嫌う若者が2人いたのです。ある日2人は桃太郎を待ち伏せして嫌がらせをしようと考えました」。参加者の男性2人が鬼のお面を被り，桃太郎(TiR)を待ち伏せして出生の秘密をばらすとおどかす。そこに，参加者が演じるおばあさんが桃の精に化けて登場した。おばあさんは持参した足袋を「警察官がもつ犯人の逮捕状」のように突きつけ，鬼たちを動けなくしてやっつける……という即興喜劇を面白おかしく演じた。

(3)事例エピソード2——日英交流での実践「孔雀」

　北ウェールズのランゴフレンという小さな町の住民50名，日本人学生30名，特別支援が必要な人10名，ガリーとベンというホームレスの男性2名でアプライドドラマの実践を行った。このとき参加した日本人学生は，以前反日感情による人種差別を経験していた（P.142参照）。ランゴフレンのような小さな田舎町で，町民にどのように迎え入れられるのかに不安をもっていた。両者が，安全にアプライドドラマを共有できるかどうかがその日の重要な課題だった。当日は町の公民館で，7歳から70歳までの50数名がドラマ活動に参加した。詳しくは実践例（P.172）で述べる。

　アプライドドラマは，プレ・テキストどおりに「移民のある女性が，新しい国で，新しい生活をするためにやってきました」という物語から始まった。「海外からやってきた女性がどうしたら新しい土地になじんで，生活できるのか」という課題は，日本人学生，ホームレスの男性，特別支援が必要な人々という，「違い」をもつ人々が，学び合うためにその日集まってきた状況と重なっていた。そのため，多くの参加者は，現実の状況と物語の状況を重ね合わせて考えることができた。物語が進行するにつれて，お互いの背景に関係なくグループをつくり，課題や創作に取り組むようになっていった。この過程で，グループごとにお互いがどのようなことを考えているか，思っているかを徐々に話し合えるようになっていった。

　定年を過ぎたある男性は，「この物語の移民の女性が，地域の人から受ける仕打ちは考えられない。しかしもっとショックなのは，自分が生まれ育って住んでいるランゴフレンで，日本人学生が人種差別を受けたことだ」と言った。ある若い女性は「たぶん人種差別は表に出ないだけで皆が思っているんじゃない？　違う文化や違う生活をする人と行動をともにするのは正直言ってむずかしいと感じます」という意見を述べた。この意見を批判するように，別の男性は「そう思っている人もコミュニティにはいると思うけど，ごく少数だと思う。全員がそうだと思われては困るよ」と言い，議論に発展した。そのとき，町民の一人であり，アメリカ・インディアンの血をひく男性が「皆さん，孔雀の羽をよく見たことがありますか。羽には一枚ずつ目がついているんです。これらの目は四方八方を向

いていて世界を見ていることを知っていますか。私たちは今日，皆で孔雀という劇を行いました。皆で孔雀の羽のように四方八方の世界を見てみてはどうでしょうか」と落ち着いた口調で提案した。

　ホームレスのガリーとベンは，ずっと一緒にドラマ活動を実践していた。参加者たちに，なぜ自分たちはホームレスになったのか，ふだんどのような生活をしているのかについては語らなかった。しかし，アプライドドラマの活動の中で，彼らはほかの人とごく自然にグループを組み，考え，意見を出し合うことを通して，物語の中に自分の生き方と重なる部分をたくさん見いだした，ということである。彼らはドラマ活動を通じて，コミュニティの中で共同作業することができ，その一員になれる自信を感じたということだった。まさに，これがアプライドドラマの効果である。

　「人種差別」のようなテーマを取り上げ，コミュニティのように年齢も背景もさまざまな人々が参加する中でアプライドドラマを行うときは，それぞれの参加者が意見を出し合い話し合えるようにすることが大切である。ドラマ活動を通して，自分たちが住みやすい地域や環境をつくるために皆で意見を出し合いながら，地域がかかえる問題を解決するきっかけを見つけるのである。

　それから2年後，日本で「アプライドドラマを用いたコミュニケーションづくり」という2週間の集中ワークショップを行い，のべ270名の学生が参加した。2年前と比較すると，学生たちは驚くほど，国際社会で日本がどう見られているかについて，明確な知識とそのことについての自分の意見ももっていた。そして自分について自信をもち，希望に満ちあふれていた。さらに，自分の個性をそれぞれが生かし，話し合いや場面づくりに積極的に参加する姿が見られた。驚くほどの成長であった。このワークショップに参加した学生には，2年前人種差別を経験した1名，昨年のワークショップのリピーター9名が含まれていた。初めて海外研修に参加した学生たちを精神的，肉体的にサポートし，研修をリードしていた。

　いっぽう，初めて参加した学生の中には自分の意見をはっきりもてなかったり，表現できなかったりする人たちもいた。これから世界に羽ばたいていく若者たちがコミュニケーションをうまくできないということは，今後も大きな課題の一つであると考える。しかし，アプライドドラマを通して，コミュニケーション能力を育成し，彼らが自ら成長していくのではないかと期待している。

(4) 発展の可能性——ビジネスと生涯教育におけるアプライドドラマ

①ビジネスに生かすアプライドドラマ

近年ビジネスシーンでアプライドドラマを行う試みがなされている。とくにアプライドドラマは固定観念を除き，新しい見解や視野をもつために用いられている。

アプライドドラマを社員研修の中に取り入れ，物語を演じる中で，ものごとの移り変わるプロセスを考え，直観的洞察力を養い，批評的思考力を育成する効果が期待できる。いっぽう，企業内の上下関係による硬直した考え方や企業風土を変え，若い世代にも発言する機会を与えたり，アイデアを言える場を提供したり，上司が部下の意見を聞く態度を身につけたりする訓練にもなる。アプライドドラマを用いることで，上司と部下の壁を取り除くことができる。

②生涯教育に生かすアプライドドラマ

伝統や遺産を次世代へと語り継いでいくためにアプライドドラマを使うことができる。例えば，博物館，美術館，世界文化遺産や国宝を所持している施設などでの実践が考えられる。これらに関する物語を題材に，特定の時代を再現したアプライドドラマを行うことができる。参加者は実際に伝統や遺産を見たり，それに触れたりして，理解を深めることができる。これらのものや事柄にかかわる実話をもとにした物語をたどることで，参加者は伝統や遺産についての知識を増やしたり深めたりすることもできる。

このような方法は，とくに子どもたちが歴史を学ぶのに最適である。例えば，ある時代の衣装を身につけ，実際に戦いがあった場所で，兵士になってみる体験をしたりする。そして，数メートルの棒を戦いのときにどのように操るのか，兵士はどのように戦いに挑んだのか，などについて歴史的事実を調べ，参加者同士で話し合いながら考えることができる。さらに，博物館の資料を過去の展示物ととらえるのではなく，これらをきっかけに現在の自分が存在し，未来に展開していくと想像させることが重要である。最近，イギリスでは，このようなドラマ活動の実践をしやすいように，施設内にワークショップ・スペースを設けるようになってきている。つまり，子どもたちが実際にだれかになってみる経験を通して，歴史を他人事ではなく，自分に引き寄せて考えられるようにすることである。

実践例▷ 孔雀

コミュニティ

2008年10月

参加者：ランゴフレンの地元住民 50 名，日本人学生 30 名，特別支援を必要とする人々 10 名，ホームレス 2 名
会場：ランゴフレン国際芸術祭・フリンジ祭りのイベント
時間：2 時間
使用プレ・テキスト：「孔雀」（P.133 参照）
目的：①国際交流の一環として，人種差別について考える。②一人一人に違いがあることに気づく。③初対面の人同士でグループを組み，協働作業ができる。④小道具を導入することで，言葉の壁があってもコミュニケーションのきっかけをつかめることを知る。

> **実践状況**
>
> 　地元住民の参加希望者は数週間前から募った。これまでに，お互いに交流をもったことがない団体（地元住民，地域外のホームレスセンター，地域外の特別支援施設，日本の演劇学校）から参加者を集めた。初対面同士でグループを組んで体験することを目的の一つにしていたためである。これにより，顔見知りでかたまってしまうのを未然に防いだ。日本人学生には，あらかじめ物語や進行を伝え，進行役的なリードを依頼した。言葉の違いを乗り越えるためのコミュニケーションの手段として，日本人学生は各自小太鼓をもった。小太鼓の演奏をきっかけに，初対面の人との会話の糸口を見つけるためである。

課題 1 課題2は省略した。	この女性はどこから来たのか，できるだけ多くの参加者に意見を求めた。「ロンドン」「トルコ」「小さな島」「どこかの惑星」などいろいろな意見が出た。
課題 3	この女性が過去を思い出す場面では，何人かの有志が，前に出て即興劇を演じた。「アルコール中毒だった」「定住居をもたないジプシーだった」「刑務所に 10 年いて出所してきた」などの意見が出た。
課題 4・5	5～6 人のグループで，女性を嫌っていることを表現する演技をし，お互いに見合った。グループは初対面同士でつくった。各グルー

プで1分程度話し合ってどのような即興をするかを決めた。「壁の穴から女性をのぞいたり、壁に耳をつけて中の様子をうかがったりする仕草をし、うわさ話が聞こえるようにわざと大声で話す」「全員が塀に向かって立小便をした」「生活ごみを塀の中に投げこんだ」など、各グループが女性に対する嫌悪の気持ちを表現した。

課題6

6～8人のグループになり、7～8分で孔雀を表現した。まず、孔雀がどのような鳥かを話し合い、参加者それぞれの特徴を生かしながら一羽の孔雀を体のみを使って表現した。あるグループでは、車いすの1人が孔雀の頭になり、それを中心にほかの参加者が重なるように羽になった。長い尾は参加者のスカーフで表現し、キーキーと鳴き声を1人が加え、大きな羽を広げた孔雀を表現した。

シーン6

シーン6のナレーションに合わせて、参加者が自由にインプロの演技をした。最初は恥ずかしがって皆の前に出られなかった参加者も、徐々にアプライドドラマには決まった表現がないことに気づき、自由に表現することに慣れ、積極的に前に出るようになった。身体に特別な支援が必要な参加者も自らニワトリやロバを表現した。

課題7・8は省略した。

課題9・10

いこいの場が壊された理由について「地域を変えられたくない（女性が来る前の状況を楽しんでいた）人たちがしたのではないか。だとしたらその地域の人たちの気持ちも考えなければいけない」「女性はいこいの場所を提供することが地域の一員となることと考えたが、その地域をきちんと理解していなかった」などの意見が出された。さらに、女性はどんな気持ちだったかについては、「孤独の寂しさをひしと感じた」「幸運を招く孔雀は、自分に味方しなかったと思った」などという意見が出された。

そのほかにも、「壊した人はどうしてそのような犯罪を犯したのか」「地域の人々が女性にできることはあるのか」などいろいろな観点から話し合った。その中で、「自分の住む地域をよくしたいのであれば、新しいことに挑戦したり、取り入れたりして住民たち自身が心を開くべきである。近所の人と協力して仲よくするべきだ。異邦人を気持ちよく迎えたい。私たちは皆『地球人』というグループに属している」という意見が出て、多くの参加者が賛同した。

終章　アプライドドラマを実践する人へ

(1)アプライドドラマに託した願い

　ここまで，アプライドドラマの理論や教材と，有用性を述べてきた。アプライドドラマはすべての問題を解決できる魔法の薬でも方法でもない。しかし，日本社会における重要人物を数分間，演じると想像してみる。例えば，総理大臣役としての答弁は，演じる人自身が，その社会問題をどう感じ，どうとらえているか，どう解決できると考えているかなどを自覚するきっかけになる。アプライドドラマは，他人事だったことを自分に引きよせて考えさせるのである。
　イギリスでも，アプライドドラマがいろいろなところで毎日行われているわけではないし，確実にすべての問題を解決できるわけでもない。しかしイギリスでは，アプライドドラマは，問題提起や，問題解決の糸口をつかむことができる教育方法だと高く評価されている。アプライドドラマの実践は，コミュニティにおける草の根運動のようなものから，一定期間のプログラムを組んで実施するものまでいろいろある。より多くの人が，この「ドラマ／演劇をして，広い分野に生かす」教育方法を，次世代の教育のために実践し，試行してくれることを願っている。

(2)アプライドドラマという「学びのすすめ」

　アプライドドラマで受けた教育の結果が，参加者の生活の一部となり，生活の糧として定着するまでには長い時間がかかる。いっぽう，アプライドドラマ自体も，従来のさまざまな教育方法に比べたら歴史が浅い。したがって，いまアプライドドラマを始めても，けっして遅くはない。著者自身も発展途上にあり，読者の皆さんと一緒に，実践を深め，理論を確立することが大切だと考えている。
　200年以上に及ぶ長い教育史において，アプライドドラマは20年前に始まった，教育における発展過程のほんの一部にすぎない。

今後，アプライドドラマがますます発展し，その歴史を次世代へ残すことができれば，本当にすばらしいと考えている。

(3) 著者のプレ・テキストの特徴

　本書で紹介するプレ・テキストは，学校教育における子どもたちを対象にするだけでなく，あらゆる場所で，あらゆる状況で，あらゆる対象者に応用することができる。基本的には，違う団体にも，同じプレ・テキストを使うことができる。これが，著者が開発したプレ・テキストの最大の特徴であり，効果的な点である。

　これらは，そのまま使うこともできるし，実践する教師やファシリテーターが，自分や対象者に合わせて，変えることができる。それぞれの実践者が，独自のプレ・テキストに変えられるのである。本書のプレ・テキストを参考に，読者が新しいプレ・テキストを開発するきっかけになれば幸いである。

(4) 結びにかえて：孤立した人間をつくらないためのコミュニケーション能力の育成

　日本のように，戦後急速に発展した経済大国では，人々は孤立や断絶を感じやすい。村や町といった共同体単位で行動していた日本社会が，徐々に個人で行動するように変化する中で，多くの若者たちが将来が予測しづらく，不安定な精神状態に陥りやすいと聞く。「個人」として存在することは孤独や不安を抱くことではなく，自分の意見をもち，自信をもって社会生活を送ることにつながる。子どもたちが健全な「個人」として育つことは，今日の教育に求められており，次世代の課題となっているのではないだろうか。著者がこのように考えるのは，日本で次のような事件と遭遇したためである。

　2008年6月昼すぎ，私たちは偶然，秋葉原無差別殺傷事件の現場に居合わせてしまった。宿泊していたホテルから駅まで，その日はたまたま歩道橋を歩くことにした。もし地上を通っていたら，確実に事件に巻き込まれていたと思われる。歩道橋を通ったことで，私たちは橋の上から惨事を見下ろすことになった。私たちの眼下でまたたく間に人々が車で跳ね飛ばされ，次々と路上に倒れてい

った。犯人の乗った白いトラックが歩道橋の真下で止まり，車内から飛び出してきた男が無差別に近くにいた買い物客を切りつけていった。救助しようと止めに入ったタクシーの運転手もその場で刺されてしまったのを目撃した。あまりの展開の早さに，警察が来るまで，だれ一人としてその犯人を止めることができなかったことを本当に残念に思う。私たちもその中に含まれている。

　数分間のうちに7人の命を奪い，多くの負傷者を出し，日本中にショックを与えた事件だった。この事件の犯人の生い立ちや境遇がニュースで流された。犯人は，自分について「親に捨てられたと感じた」「彼女がいなくてさびしかった」と語っていたという。そして，孤独をまぎらわせるためにインターネットにのめり込んだが，そこでも無視されたと感じて犯行に及んだ，と報道されていた。

　著者は，この犯人が，これまでの人生において，自分の考えや感じたことをだれにも伝えられなかったのではないかと想像した。「だれでもいいからかまってほしかった」「彼女さえいればこんなみじめに生きなくてもいいのに」という彼の言葉にそれが表れていると考えたからである。もし，この犯人に友達といえる人がいたなら，だれかに対面して自分を表現する勇気があったなら「不細工な俺は存在自体が迷惑」という過剰なコンプレックスを抑えることができたのではないか，抑えが効いていたなら，このような行動を起こさなかったのではないかと考えた。

　「ドラマ」そのものがこのような犯罪を阻止できるとは言い切れない。しかし，著者はこの事件の犯人がコミュニケーションに飢えていたこと，話し合いの順応性に欠け，孤独であったことに注目した。そして，現代社会に生きる若者たちに「人とのかかわり合い」「相互関係」「コミュニケーション能力」を教育の中に取り入れる必要性を強く感じた。これらを具現化できる一つの教育方法としてアプライドドラマがあると考える。著者は，このような事件が再び起こらないようにするために，アプライドドラマを通して，孤立しない，コミュニケーション能力があり，他者と話し合える力のある子どもたちを育てていくことに寄与したい，と願うようになった。これが，著者の使命であると感じるようになった。

　本書を通して，アプライドドラマが社会の中で大いに「ふれあい教育」「コミュニケーション」に生かされ，人々の自他理解とコミュニケーション能力を高め，深めることができることを願っている。

付録1
アプライドドラマのコンベンション

「コンベンション」とは，ドラマ活動のための技法，手法，きまりごと，規則のようなものである。ドラマ活動を効果的に行ったり，場面と場面をつなぎ合わせたり，ドラマ活動を深めたり高めたりするために使われる。これらを知っておき，使いこなせるようにすると，進行役としてアプライドドラマを構成したり，実施したりするときに非常に役立つ。

(1) 物語に効果を与える手法

プレ・テキストを使いこなすために，次のようなアプライドドラマの「コンベンション」を使うと，より効果的に，参加者を物語へと導き入れることができる。

◆音響効果

音響効果はアプライドドラマ全般に大きな成果をもたらす。クラシック音楽やその他の音楽，各種の効果音，声，楽器等，さまざまな音響効果を使うことができる。ドラマ活動の中で音響効果を柔軟に活用することで，参加者の感覚や想像力をかきたてることができる。音響効果は，物語をイメージするとき，グループ作業をするとき，ナレーションのときのBGMとして使用すると効果的である。

例：すべてのプレ・テキストで活用

◆歌の導入＆音が動作をリズミカルに表現する

物語の中で歌を聞かせる（CD等の音響効果）。または参加者と合唱する。歌は劇だけでは表現できない心情の表現を補うので，登場人物やシーンへの共感や感情移入を高める効果がある。

例：「夢と現実」課題6（P.90）

◆照明の効果

オーバーヘッドプロジェクター（OHP）やスポットライトを使って，影をスクリーンに映し出す。映し出された影は，物語のイメージとして参加者に強い印象を与えることができる。

例：「リア王」課題4（P.103）

照明の効果

◆衣装の効果

進行役がティーチャー・イン・ロール（TiR）の際に，簡単な衣装（帽子やリストバンド，上着等）をつけて登場人物になっていることを象徴する。また，衣装を登場人物に見たてて参加者に見せたり，衣装に話しかけたりすることもできる。アプライドドラマでは，基本的に衣装を必要としないが，簡単な衣装から強いイメージや想像力を刺激する必要があるときは使用する。パートナー・イン・ロール（PiR）がいない場合は，衣装でその役を象徴することもできる。

例：「桃太郎」シーン2（P.62），「雪女」シーン2（P.74）

◆小道具の効果
　物語の進行に関係する小道具を参加者に見せたり，渡したりする。アプライドドラマでは，基本的に小道具は必要ないが，物語を象徴する小道具が１つあると，参加者の発想を手助けする。

　　　　　　　　　　　　　　　　　　　　　　　　　　例：「リア王」シーン３（P.103）

(2)参加者の活動形態・発表方法

　アプライドドラマは，集団で行うドラマ活動である。参加者は，次のような形態でドラマ活動を行ったり，発表し合ったりする。

◆グループワーク
　少人数のグループ（２〜６人）をつくってドラマ活動をする。課題ごとにグループを組みかえてもよいし，１つのプレ・テキストを同じグループで続けて活動してもよい。参加者は与えられた課題に協力し合って挑戦し話し合い，どう表現するかを決めて発表につなげていく。
　このグループワークは，創造力と柔軟性を養う。短時間で話し合いと意思決定をする力をつけることが目的なので，進行役からとくに指示がない限り１〜５分で行う。

　　　　　　　　　　　　　　　　　　　　　　　　　例：すべてのプレ・テキストで活用

◆コレクティブ・ロール
　参加者全員が「その他大勢」という形で，物語上の何らかの登場人物になり，参加する。アプライドドラマは参加者の状況によって，物語が変化する。そのため，全員の参加と協力が必要になることがある。プレ・テキストに書かれている登場人物以外にも，役を増やして参加者全員が何らかの役で参加できるよう心がける。自発的に「PiRの手伝いをする」「発言できない子どもにも，物語に参加しているという意識をもたせる」ことがねらいである。ただそこにいるだけで（黙っていても・せりふがなくても），物語に参加していることを子どもに意識づけることができる。

　　　　　　　　　　　　　　　　　　　　　　　　例：「リア王」課題８，９（P.105）

◆役の交代
　登場人物の役を１人が担当するのではなく，配役を交代して何人かの参加者が同じ役を演じる。参加者はお互いの演技を見合うことができ，そこから学び合うことができる。

　　　　　　　　　　　　　　　　　　　　　　　　　　例：「雪女」課題９（P.79）

◆発表を見て互いに意見し合う
　いくつかのグループに分かれ，プレ・テキストのあるシーンを１〜３分の即興劇にする。グループごとに全員の前で発表し，見合う。互いに見合ったあとに，そのシーンが自分たちの日常の生活と重なったり共通したりするものがあるか，一人一人が考える。そのうえで，自分はどう思ったか，それぞれの意見を出し合う。

　　　　　　　　　　　　　　　　　　　　　　　　例：「雪女」課題２の④（P.73）

◆半分ずつ発表を行う
　いくつかのグループを集めて，参加者全体を２つの大きなグループに分け，一方が一斉に発表する。それをもう一方のグループが見る。時間になったら交代して互いに見合う。
　グループでつくった即興劇を発表し，ほかの人の発表を見ることは，自分とは違った意見を知ったり，見解を広めたりすることに役立ち，自分を見つめ直すためにとても重要である。ただし，１グループずつ発表を行うと，見合うのに時間がかかってしまう。学校の授業等（45〜50分）で行う場合，人数が多い集団では，一つ一つ発表する時間がないため，この手法で一斉に発表さ

せる。また，同時にいくつもの発表を見なくてはならないので，集中力を保つことにもつながる。

例：「桃太郎」課題4の⑤（P.63），「雪女」課題2の②（P.73）

◆場面の設定

　アプライドドラマは基本的に大道具などを使わず，参加者の演技や動きでシーンの設定や状況を示し，そのシーンの意味や隠喩を明確にする。例えば，宮廷の場面を行う場合，王がどこに座り，家来はどこでどのように待機し，娘たちはどこを通ってどのような経路で王の前まで進むのか，ということに意味や隠喩がある。物語に出てくる場所や場面を，参加者全員が想像し，合意しながら，設定を決めていく。

例：「リア王」課題6（P.105）

◆劇中の影の役

　物語中に，場面に登場しなくても（または登場シーンが少なくても）強い印象を残す登場人物がいる。この登場人物を題材にグループでいろいろな展開を考える。

　これは，参加者たちが登場シーンが少ない人物を自分たちで独自に創作していく楽しみがある。また，この登場人物の存在について，参加者たちが常に内心で確認し合う機会を提供できる。つまり，参加者たちは，せりふ重視ではない，別の形式の演劇を学ぶことができる。

例：「夢と現実」の船長（P.86〜93）

◆話し合い・会議

　アプライドドラマでは，必ず課題があり，物語を進行させるために問題解決をする必要がある。課題が提示されるたびに参加者はどのように解決するかを話し合い，グループ内で案を1つにまとめ，物語に反映させる必要がある。参加者は，登場人物となって話し合い，解決の糸口を探る。

例：「桃太郎」課題5（P.63）

◆フォーラム・シアター

　参加者自身が演じたシーンについて，そのシーンが不適切と思ったら，つくり直すことができる。つくり変える必要がある部分を抜き出して繰り返したり，時間をかけて行ったり，参加者の意見で新しい登場人物を入れたり，物語をつけ加えたり，などと応用できる。観客が見ている演劇ではないので，場面の必要に応じて，時間のかけ方の調節が自由にできる。

例：「夢と現実」課題11（P.93）

◆インプロ

　自発的に，無意識的に生まれてくる想像をそのまま表現することである。つまり，即興的に考え出したことを身体的に表現する。参加者は，他人の目を気にせず，評価を恐れずに表現できるようになるために行うことが多い。

例：「夢と現実」課題8の②（P.92），「孔雀」課題4（P.134）

(3)参加者が行う課題

①事前エクササイズ

◆ゲーム

　プレ・テキストでとくに訴えたいテーマをゲームに変え，一緒に遊ぶ。本体ドラマの前に行うことで，参加者をテーマに焦点化させる。また，参加者のドラマ活動に対する緊張をほぐし，体をあたためるとともに，目標を提示し，物語の展開や状況，内容を簡単に紹介することに役立つ。

例：「雪女」（P.72），「夢と現実」（P.85）

◆ゲームショー
　判断に迷う問題について，テレビのクイズ番組のように行う。むずかしい問題を，楽しく決断させる効果がある。ショー形式を取るので，ゲームとは違い，ドラマとして展開することに意味がある。だれかに見せるという緊張感も加わるので，各自の意思決定をショーの中で面白おかしく演じることができる。
　本体ドラマの課題として導入してもよい。この場合，プレ・テキストの中で分岐点や自分の気持ちをどちらかに決定しなければいけない場面の選択方法として用いることができる。

例：「リア王」（P.99）

②本体ドラマ——身体表現
◆フィジカルシアター
　体全体の動きや人体そのものを使い，数人（または参加者全員）で1つの物体，登場人物をつくったり場面を表現したりする。また，最初の静止状態から数秒の動きを加えることができる。制作にはあまり時間をかけずに4～5分で仕上げるようにし，制作したものはお互いに発表し，見合う。

例：「羅生門」課題2（P.114），「ザ・ゼ・ゾ」課題4（P.127）

◆アルバムの一場面
　グループごとに，ある場面のひとこまを，写真のように静止したイメージで協力してつくる。即興劇の基本であり，演劇に慣れていない参加者にも簡単にできる。せりふや動きをつけることは，演劇に慣れていない参加者にはむずかしい。静止して場面を表現することで，身体表現に慣れさせる。ここでつくる場面は，参加者が自由に時間設定（現在または過去）でき，そこから新しい物語に展開してもよい。また，最初の静止場面から，数秒～1分間程度の動き（時の流れ）を加えることもできる。

例：「孔雀」課題2（P.136）

◆3つの動きとイメージフラッシュ
　少人数のグループで，プレ・テキスト全体を通して印象に残った動作3つを話し合って選ぶ（どの場面のだれの動作でもよい）。その3つの動作を，1→2→3→1……とゆっくり続けて行う。物語をイメージさせる音楽をかけ，音楽に合わせて3つの動作を踊るように2分間繰り返す。
　各グループの動作が違うので，音楽に合わせて全員が同時に動くと，物語を象徴するシーンをつくることができる。参加者全体で3つの動作を選び，皆が同時に4方向（教室の4隅）で表現することもできる。それぞれのグループが前進して中央で交差し，対角線上の反対側に移動したりしてもよい。
　子どもから大人まで皆に人気がある課題の1つである。ダンスが苦手な参加者にも楽しく参加でき，音楽に合わせて自然に体が動くことを体験し，演劇や心情を体全体で表現できる。ドラマを行っている空間をいっぱいに使って動き回れるように配慮する。

例：「羅生門」課題14（P.120）

◆シーンの再現
　進行役がTiRで行ったシーンを，参加者が自己流につくって再演する。進行役は複数の役を一人で兼ねるが，参加者たちが再演するときは，登場人物の人数を考え，それぞれに割り振る。役の立場によっていろいろな観点の違いがあることを学べ，参加者が考えていることや問題等を進行役が知ることができる。
　進行役と参加者が役について意見し合い，その後，新しく明らかになった問題等を解決に導き

ながらドラマの方向性を変えていくこともできる。このコンベンションは小学校では道徳の授業などに用いられ，学級づくり・学級経営にも役立つ。

例：「羅生門」課題8（P.117）

◆儀式とセレモニー

　プレ・テキスト幕開きのナレーションの代わりに，物語の状況を想像し，表現し，印象づけるセレモニーを参加者全員で行う。言葉での説明より強い印象を与え，興味をひくことができる。

例：「リア王」課題1（P.101）

◆気持ちを即興表現する

　参加者全員が教室の後ろの壁に一列に並び，音楽をかける。参加者は，スローモーションで前進する。音楽に合わせて，登場人物の気持ちになり最高の笑顔と喜びを表現しながら体全体を自由に動かし，ゆっくりと前に進む。ここでは，幸せを体で表現することを身をもって体験する。このとき，幸せな気持ちを表現するようなBGMがあると効果的である。

例：「孔雀」課題7（P.140）

◆大変身・大変化

　扉や木，小川など，物語中に出てくる物や光景を，想像して身体で表現する。物語の先行きを参加者各自が発展して考えていく。この技法で，参加者の想像を動きで表現し，将来に起こるであろう出来事を見通す力を養う。フィジカルシアターの基本をさらに展開させ，場面を変えたり，内容をふくらませたりするために用いる。

例：「孔雀」課題8（P.140）

③本体ドラマ——身体表現以外の発表方法

◆協力して紙に描写

　大きな模造紙を床に置き，与えられた課題をグループまたは全員で協力して書く。絵や文章などで表現することで，言葉で言い表せないことを表現できる。

例：「夢と現実」事前エクササイズ（P.86）

◆紙衣装

　古新聞を使って登場人物の衣装を作る。プレ・テキストの登場人物の役柄をイメージし，新聞紙を使ってイメージに合った外見を作り上げる。だれにでもでき，時間をかけてグループで話し合う機会になる。

　作り方は，一枚の新聞紙を一角から対角線上に丸め，棒状になったらテープで止めてできるだけ細く長い1本の棒を作る。これを10本くらい用意する。グループの1人が衣装をつける役割になり，服の上から新聞紙を立体的に組んで装飾していく。使うものは新聞紙とテープだけで，ちぎったり，丸めたり，折ったりしてもよい。各自のアイデアで自由に製作していく。

例：「リア王」課題3（P.102）

「紙衣装」

◆手紙や宣伝——日記，記録を使って意思をアピール

　不特定多数にアピールする必要があるプレ・テキストのときに行う。実際の手紙・写真・ビデオ・ドキュメンタリーなどの手段を使い，物語の中の問題を解決するために，公共の場でアピールする看板やポスター，パンフレットなどをつくる。

　参加者が抱える問題を，公共の場でアピールすることによって解決させようとする，実生活でも必要なスキルの訓練にもつながる。アプライドドラマを実生活につなげ，ふだんの生活でも必

要に応じて自己主張できるようにする手法の一つである。また，物語の課題を通じて公共の場にアピールする文章や書き方を学ぶ。

例：「孔雀」シーン6をアレンジする。女性がいこいの場に人々を招く立て札を立てる。どのようにしたらよいのかを公共の場を借りて告知する。

◆字幕つけ

グループでつくった即興劇などの動作に字幕をつける。紙に書いても，だれかが口頭で伝えてもよい。せりふのない即興劇や写真イメージ（アルバムの一場面）を表現するときにも使うことができる。せりふや語りなどを入れる代わりに字幕をつけるとわかりやすい。

例：「孔雀」課題2（P.136）

◆登場人物の図解

模造紙の中央に物語の主要人物の顔や姿形の絵を大きく描く。進行役が参加者にこの人物がどのような性格で，何を考え，どのような物を好み，どのような家族構成で……などの人物に対する質問をし，その参加者の答えを聞きながら書き込んでいく。

参加者に役づくりをさせるときに，外面だけではなく，人物の内側を考えさせる。参加者が登場人物を深く理解でき，想像力をふくらませるのに役立つ。また同時に，物語を積極的に発展させていく手助けをする。

例：「夢と現実」課題4（P.89），「羅生門」課題13（P.120）

◆サウンドスケープ

プレ・テキストの場面を象徴する音をつくる。擬似音や単純なハーモニーなどの短いセンテンスを繰り返し行う。音をつくることはシーンや状況，気持ちを表す一つの表現方法で，小さな子どもや特別支援の必要な人にも応用して使うことができる。

例：「ザ・ゼ・ゾ」課題3（P.127）

④本体ドラマ：参加者が選択・決定していく課題

◆名前つけ

プレ・テキストを紹介しながら，参加者に登場人物の名前や地名を質問し，参加者が名前を決める。好きな名前をつけることで物語により親しみをもって参加でき，物語を皆でつくり上げるという隠喩と意味を感じることができる。

例：「桃太郎」課題1（P.61），「雪女」課題1（P.73），「夢と現実」課題1（P.86）

◆ホット・シーティング

登場人物役の参加者や進行役が，役になって「ホット・シート」と呼ばれる円の中央のいすに座り，参加者たちが囲んでいすに座った人に質問する。座った人は役になりきって一つ一つの質問に答えていく。即興で受け答えをするので，物語に詳しく書かれていない設定を全員でつくり上げることができる。また，あらすじや，役どころが明確になり，物語をさらに深く考えられる。

質問する人も役に扮している場合はホットシート・イン・ロールという。質問する人が役ではなく一般の意見として聞く場合を，ホットシート・アウト・オブ・ロールという。

例：「雪女」課題9の①（P.79）

◆進路を考える

プレ・テキストが進行していくと，登場人物に今後起こるであろう出来事や考えを，参加者が話し合いながら考えていく。参加者全員が演出家となり，役づくりや設定を考え，物語を進めていくことができる。参加者のドラマ活動への帰属意識を高め，グループワークが多いアプライド

ドラマの中でも，一人一人の意見を発信したり，全員の意見を聞いたりすることができる。

例：「羅生門」課題17（P.120）

◆思考の軌跡

「静止画」や「アルバムの一枚」からつなげて行われる場合が多い。ある特定の瞬間における，登場人物の個人的な考え，内面で考えていることなどをせりふや動作で表面化させる。登場人物についての振り返りを助長する働きがある。通常，登場人物が「静止画」でフリーズしているときに，進行役が登場人物の肩に触れることを合図にして，登場人物が内面で考えていることを話し出すことが多い。

例：「夢と現実」課題8（P.92）

◆心情のいす

中央にいすを1つ置き，参加者全員がそれを囲むように車座に座る。そのいすには物語の登場人物が座ったと仮定する（実際はだれも座らない）。参加者全員がその登場人物になったつもりで自分がその役であったらどうするかや，役の心情などについて答えていく。

登場人物の役柄を，皆でつくり上げていくときに全員の意見を参考とするために使う。

例：「雪女」課題9の②（P.79）をアレンジする。

◆試行錯誤のトンネル

登場人物が決断を迷っている，試行錯誤の様子を実感させる。参加者全員が2列になって向かい合い，頭上で手を合わせてトンネルをつくる。その中をTiRまたは役になった人がゆっくりと通り抜ける。そのときに両側に立ったトンネル役の参加者が登場人物がどうしたらよいかひと言ずつ発言（助言）していく。ねらいは事態を評価する目をもち，判断力，決断力を養う。登場人物の心情を考えるときに，瞬時に参加者全員の意見を聞くことができる。

例：「桃太郎」課題12（P.66），「ザ・ゼ・ゾ」課題9（P.129）

◆心のものさし

物語の途中または最後に行う。進行役の質問に，賛成か反対かの意見を聞く。部屋の中心に線を引き，一方に賛成の人，もう一方に反対の人，どちらでもよいという人は真ん中に移動する。線から遠いほど賛成または反対の意見が強く，線に近づくほど，逆の立場の意見にも共感する部分がある，という意見表明になる。全員が移動を終えたら，それぞれどうしてその位置に立っているのか意見を聞く。

これは，ドラマ活動に自身が参加していることを自覚させる効果がある。また，各自の意見を尊重し，どうしてそのように思うのか，自分の意見をしっかりと主張するトレーニングになる。また，人の意見を聞いて考え直す時間を与え，更正のトレーニングにもなる。

例：「桃太郎」課題11（P.66），「ザ・ゼ・ゾ」課題11（P.130）

◆物語の中で一番印象に残った瞬間

最後の課題で行う。プレ・テキストと課題がすべて終わったあと，「この部屋のどの場所で演じた，どんなことが一番心に残っているか」を聞く。参加者はその場所に移動してその動作をする。何人かが同じ場所に重なってもよい。これによって，参加者はプレ・テキスト全体を振り返り，印象づけることができる。また，同じ物語を何回かに分けて行う場合，最初に「前回までの物語の中で一番印象に残っている場所，動き」を聞くことで，内容を思い出し，再度ストーリーに引き込むことができる。

例：「桃太郎」課題13（P.67）

付録2
簡単にできる「事前エクササイズ」のゲーム例

　はじめてアプライドドラマをしてみようとする場合，プレ・テキストの事前エクササイズだけを子どもたちと一緒にしてみることもできる。本体ドラマに入る前に行うエクササイズであるが，それだけでもドラマ活動になる。「事前エクササイズ」は，簡単に使え，参加者同士のコミュニケーション能力を円滑にしたり，育成したりする楽しいドラマ活動である。

(1) お互いを紹介するゲーム

◆私の名前は
　大きな1つの円になって順番に1人ずつ名前を言っていく。進行役から始め，ゆっくりと大きな声ではっきりと，ニックネームまたは氏名のどちらでもよいので言い，一周回る時間をはかる。次にできるだけ早く名前が一周するように全員で心がけ，かかった時間を発表する。3回目はさらに時間を縮められるようにする。

ねらい：全員が簡単に参加できる。隣の人が言い終わるのを注意深く聞いて間髪いれずに発言する集中力と瞬発力，タイミングを養うとともに，お互いの名前を紹介する。

◆何をしたの？
　大きな1つの円になって順番に1人ずつ一歩前に出て，名前を言い，昨日あった出来事を1つ，簡単な動作をつけながら言う。進行役から始め，右回りに進める（例：「明子。水泳に行った（泳ぐ動作をする）」「健二。本を読んだ（本を読む動作をする）」）。
　全員が言い終わったら，もう一度同じことを繰り返す。次は，本人が言ったあとに全員で同じことを復唱し，動作もまねる（例：明子「明子。水泳に行った（泳ぐ動作をする）」。全員「明子。水泳に行った（泳ぐ動作をする）」）。

ねらい：人の動作をまねすることで，名前とその印象を覚え，互いに親近感をもつ。

◆透明のペンで名前を書く
　参加者全員が各自スペースをとって教室内に散らばる。参加者は各自「見えないペン」を手に持ち，進行役の指定にそって自分の名前を書く。書くときには各自が名前を言いながら実際に手を動かす（例：「空に自分の名前を書きましょう」「自分の手のひらに名前を書きましょう」「できるだけ大きく名前を書きましょう」「だれかの背中に名前を書きましょう」「自分の足の裏に名前を書きましょう」等）。

ねらい：自分の名前を，自然に自信をもって紹介できるようになる。

(2) コミュニケーションを促進するゲーム

◆呼吸を合わせる
　2人組になって向き合い，1人が手のひらを相手の顔の前（顔から10cmほど離したところ）に開いておく。その後この手のひらをゆっくりと上下左右に動かし，パートナーは常に顔が手のひらの前にあるように手の動きに従って体全体を動かす。

ねらい：言葉を使わず2人の呼吸を合わせることで，お互いの心のコミュニケーションをつくる。

◆もつれをほどく

　参加者の中から3～5人選び，残りの人は1つの大きな円をつくり固く手をつなぐ。選ばれた人は，円の作業を見ない。ほかの人は，手を離さず，人の間をくぐったり，越えたりして円をもつれさせる。選ばれた人はもつれを順番にほぐし，元の1つの円に戻す。

ねらい：協力して解決の鍵を見つけていく。

◆おはよう！

　参加者が教室内を自由に歩き回り，進行役が合図をしたら，全員が立ち止まって近くの人と握手をし，相手の顔を見て「おはよう！」とあいさつする。このとき，両手が違う人（右手と左手が別の人）と同時に握手をする。握手ができないときは手の空いている人を探す。すでに片手がふさがっていると自由に動くことができない。音楽（BGM）をかけるとリズムにのって動きやすくなる。何回か（2～3分）同じことを繰り返す。

ねらい：相手の顔を見て，積極的にあいさつができる。多くの人と交流をもつ。

◆小魚とマグロ

　2人組になり，教室内に散らばる。一人が両手を床についてトンネルになり，一人は小魚になってトンネルに入る。音楽をかけているとき小魚は自由にトンネルの間を泳ぎまわる。音楽が止まったら，小魚はどこかのトンネルに避難する（トンネルには1匹の小魚しか入れない）。進行役は徐々にトンネルの数を減らして同じことを繰り返す。トンネルに入れなかった小魚はマグロ（進行役）に食べられてしまう。

ねらい：トンネルと小魚が助け合うコミュニケーション。開いているトンネルは声をかけて知らせる。

(3)体をほぐす，ウォーミングアップのゲーム

◆動きのコーディネーション

　体育館や講堂など広めの場所で行う。進行役が5匹の違う動物を順番に言い，その動物に参加者がなって歩く。進行役はあらかじめ動物と歩き方の説明をしておく。音楽があるとリズムにのりやすい（例：①カニ：横に進む，②サル：手を地面につけて歩く，③ラクダ：右手と右足が同時に出る歩き方，④ゾウ：できるだけゆっくり，右手と左足が同時に出る歩き方，⑤カンガルー：ジャンプして前に進む）

ねらい：それぞれの違う動物をイメージし，瞬時に動物に合った動きを自分の体で表現し，コーディネートさせる。

◆見えないボールのキャッチボール

　全員で大きな1つの円になり，見えないボールを，受け取る相手を決めて投げる。受け取った相手はすぐにだれかに投げる。次にボールを2つに設定し，円の中で2つの見えないボールをやりとりする。さらに，ボールを3つに増やす。

ねらい：アイコンタクトで相手とのコミュニケーションを確認し思いを伝え合う。ボールが増えていくとさらに集中力と機敏性が高まる。

参考：Augusto Boal "Game for Actors and Non-Actors." Routledge, 1992.

付録3
そのほかのプレ・テキストと物語

　著者が，本書で紹介した以外にもすでに作成したプレ・テキストはたくさんある。そのなかでも，日本でも入手可能な物語や絵本についてのあらすじを紹介する。これらは，小学生から大人まで幅広い年齢層を対象にしたアプライドドラマのプレ・テキストとして使用が可能である。

◆プレ・テキスト「スイミー」
あらすじ：大海で暮らす黒い小さな魚のスイミーは，仲間を失ってしまったあと，海の中を冒険してさまざまな海の生き物たちに出会う。やがて，大きな魚から身を守ることを仲間にうったえ，すばらしいアイデアを実行にうつす。
もとにした物語：レオ・レオニ（谷川俊太郎訳）『スイミー——ちいさなかしこいさかなのはなし』好学社，1969年

◆プレ・テキスト「少年とクジラ」
あらすじ：大都会に住んでいた男の子がある日，人里はなれた海辺の家に引っ越した。友達や慣れ親しんだ環境から新しい生活を始めた少年は，ある夜，月夜に照らされて遊泳するクジラを目撃する。それから少年の生活は一変し，クジラを求めて毎夜海に出かける。少年とクジラは一緒に海を泳ぎ，さまざまなものを発見する。しかし，1週間後にクジラは突然姿を消す。少年は毎日クジラが現れるのを待ち続けるが，クジラは二度と姿を現すことはなかった。
もとにした物語：サイモン・ジェームス（工藤直子訳）『ともだちくじら』小学館，1991年

◆プレ・テキスト「犬と鳥」
あらすじ：焼け野原から瀕死の状態で見つけられた鳥は，片目の犬の看病と手当てによってだんだんと元気を取り戻していく。しかし最初，鳥は犬の好意を受け入れることができず，犬は辛抱強く待ち続けた。犬は飛べなくなった鳥の羽になって，鳥は犬の見えない片目になってお互いを助け合い，月日が過ぎた。しかし，ある日，2匹の前に突然現れたキツネが，鳥をそそのかし，犬との友情を断絶させようとする。誘いにのった鳥は，自分の夢をかなえるために一番大切なものを失うことになる。
もとにした物語：マーガレット・ワイルド作，ロン・ブルックス絵（寺岡襄訳）『キツネ』BL出版，2001年

おわりに

　1997年初春，私（ナオミ・グリーン）を演劇の世界に導いてくださった学生時代の恩師から1通の手紙が届いた。そこに記されていたのがインターカルチャー・アート・プロジェクトである。それは「英国演劇教育と日本芸能の交換」を通じて両国の人々が交流を行うことである。日英の違う表現方法を学び合って，心の疎通を図ることをテーマとし，2年間の準備期間を経て，2000年からスタートした。

　このプロジェクトには，毎年イギリス現地の子どもたちや学生，コミュニティの大勢の皆さんなど，2010年現在までにのべ8000人が参加してきた。日本とイギリスの物語をプレ・テキストにして両国の子どもたちが学び合い，話し合い，演じたりした。日本からは9年間にわたり，毎年数十名の学生たちがイギリス研修に参加し，和太鼓の演奏を披露するなど，日本芸能・文化を紹介し，これらの経験を物語に取り入れてきた。

　両国の演劇を学び合うことで，日英親善大使のような使命のほかに，大きな自信を参加者全員に与えられることを，これらの実践を通して知ることができた。そして，この10年のアプライドドラマ実践のプロセスにおいて，人々の関心が観客に観せるための「演劇」から，演じる過程を中心とした教育方法である「ドラマ」へと変わっていくことに気づいたのである。それが，アプライドドラマを徐々に日本の教育現場に伝える橋渡しの役割を担うようになっていった。

　昨今，イギリスをはじめとする欧米では，演劇を教育のために用いる活動である「Drama in Education（DIE）」が授業の中にも取り入れられ，学校以外のあらゆる教育機関やさまざまな施設で行われている。これを日本の教育現場で使いたいが，日本語訳された指導書や実践書がなく，導入の仕方がわからない，ということを日本訪問のたびに質問されてきた。そのようなときに私たちに本書の出版のお話をいただいたのが2008年の春であった。それから私たちの執筆・実践作業がスタートした。毎年，特別講師として日本に招聘していただき，ご協力をいただいた日本児童演劇協会会長の内木文英先生と事務局長の石坂慎二氏をはじめ多くの協会会員の先生方，日本児童劇作の会の先生方には，私たちがつくったプレ・テキストを実際に学級で実施し，フィードバックしていただき心から感謝している。日本の小・中学校教育現場にアプライドドラマを活用するための，多くの生きたアドバイスは，大変貴重な資料として本当にありがたく思っている。それは，決められた教育課程の中で行えるように，とくにドラマ教育を初めて行う先生方にご理解いただけるために，協力してくださった先生方の多くの意見や経験が必要だったからである。

　日本の小・中学校，特別支援学級，専門学校，大学を訪ね，アプライドドラマをすることは，私たちにとっても，参加者の方々にとっても，毎回新鮮な経験であった。とくに，私たちにとっては，子どもたちと学生たちの成長の様子や日本の教育の変化を見る機会になり，

毎年の訪日が楽しみであった。年々，アプライドドラマの輪が広がり，ふくらんでいく過程が手に取るようにわかった。本当に多くの日本人の方々と知り合いになる機会を得たことに心から感謝している。

アプライドドラマを日本で推進し，授業に取り入れ，紹介する場をつくってくださった日本工学院専門学校俳優科当時の主任である福島真由美先生，山本浩二先生，平野真悟先生，日本雅楽の指導をしてくださった湯沢元一先生，研修のコーディネートを当初からずっと手がけてくださった吉村智樹マネージャー，講演やワークショップをアレンジしてくださったオーハシヨースケ氏にこの場を借りて心からお礼を申し上げたい。また，今日のアプライドドラマを日本の幅広い教育現場に紹介し，実践書として本を出版するために編集を引き受けてくださった小林由利子先生，ご尽力をいただいた図書文化社編集者の牧野希世さんと，刊行までにご協力くださったすべての方々に心からお礼を申し上げる。

イギリスを拠点とする私たちが，この10年間両国を行き来してプレ・テキストを開発し，日本の教育現場で実践を重ね，研究を続けてこられたのもすべて「人々との交流と心の疎通」で出会えた方々があってのものだと感謝している。この物語ベースの「参加型アプライドドラマ」教育を日本の先生方に授業に取り入れていただき，学級内でのコミュニケーションに活用されること，教育に生きる活力を吹き込み，いきいきとした授業を学級で実践していただくことを切に希望している。

2010年5月

アレン・オーエンズ ＆ ナオミ・グリーン

引用・参考文献一覧

- Boal, A. *Game for Actors and Non-Actors*, Routledge, 1992.
- Boal, A. *Theatre of the Oppressed*, Pluto Press, 1979. (里見実・佐伯隆幸・三橋修訳『被抑圧者の演劇』晶文社，1984.)
- Booth, D. *Story Drama: Reading, Writing and Role-Playing Across the Curriculum*, Pembroke Pub Ltd, 2005. (中川吉晴ほか訳『ストーリードラマ』新評論，2006.)
- Bolton, G. *Acting in Classroom Drama: A Critical Analysis*, Trentham Books, 1998.
- Bowell, P. & Heap, B. *Planning Process Drama*, David Fulton, 2001.
- Cook, H. C. *The Play Way: An Essay in Educational Method*, Heinemann, 1917.
- Courtney, R. *The Dramatic Curriculum*, Heinemann, 1980.
- Dickinson, R., Neelands, J., & Shenton Primary School. *Improve Your Primary School through Drama*. David Fulton, 2006.
- Drama League of America, *The Drama Magazine*, DEA, 1948.
- Fleming, M. *Starting Drama Teaching*, Fulton, 1994.
- Foucault, M. *Madness and Civilization*, Routledge, 2001.
- Gallagher, K. *Drama Education in the Lives of Girls: Imagining Possibilities*. University of Toronto Press, 2000.
- ナオミ・グリーン『蜂はチクリと刺すことを知っていますか？――生活の中の演劇「アプライド・ドラマ」』カモミール社，2003.
- Finlay-Johnson, H. *The Dramatic Method of Teaching*, James Nisbet & Co., 1911.
- Heathcote, D. *Dorothy Heathcote: Collected Writings on drama and Education*, Johnson, L. & O'Neill, C. (eds.) Hutchinson, 1984.
- Heikininen, H. *Draamakasvatus: Opetusta, Tutkimista, Tutkimista!* Minerva Kustannus, 2005.
- The Holinshed Project, "Welcome to the texts of Holinshed's Chronicles of England, Scotland and Ireland"（http://www.english.ox.ac.uk/holinshed/），2010年4月26日閲覧。
- Isaacs, S. *The Social Development of Young Children*. Routledge & Kegan Paul, 1933.
- James, S. *My Friend Whale*, Walker Books, 1990.
- 小林由利子「イギリスの児童青少年のためのドラマと演劇」(1)～(14)&(16)，『児童演劇』pp.498-513, 2003年5月～8月.
- 小林由利子「イギリスのドラマ教育の考察（6）Slade の『Child Drama』における自己と他者の関わり」『川村学園女子大学研究紀要』11（2），2000, pp.107-120.
- 小林由利子「イギリスのドラマ教育の考察（9）エクセター大学ドラマ学部『応用されたドラマ』プログラムの検討」『川村学園女子大学研究紀要』15（1），2004, pp.157-167.
- 小林由利子「イギリスのドラマ教育の考察（10）ウォーリック大学のドラマ教育と演劇教育修士プログラムの検討」『川村学園女子大学研究紀要』16（2），2005, pp.1-11.
- 小林由利子「イギリスのドラマ教育の考察（11）Jonothan Neelands の実践を通してI」『川村学園女子大学研究紀要』17（2），2006, pp.11-22.
- 小林由利子・中島裕昭・高山昇・吉田真理子・山本直樹・高尾隆・仙石桂子『ドラマ教育入門』

図書文化社, 2010.
- Korhonen, P. & Airaksinen, R. *Hyva Hankaus: teatrrerilahtoiset menetelmat oppimisen ja osallisuuden mahdollisuuksina*, Teatterikorkeakoulun Julkaisusarja no.38. Helsinki: Theatre Academy of Finland, 2005.
- Kurasawa, A. (1985). Ran (King Lear), Japan.
- Kurasawa, A. (1950). Rashomon, Japan.
- レオ・レオニ（谷川俊太郎訳）『スイミー――ちいさなかしこいさかなのはなし』好学社, 1969.
- McCaughrean, G. (2002). The Kite Rider, Oxford University Press.
- 中山夏織「応用演劇のポジショニング」ニュースレター『Theatre and Policy』46, シアタープランニングネットワーク, 2007.
- Neelands, J. *Making Sense of Drama: A Guide to Classroom Practice*, Heinemann, 1984.
- Neelands, J. *Structuring Drama Work (2nd ed.)*. Cambridge University Press, 2000.
- Neelands, J. *Beginning Drama 11-14 (2nd ed.)*, David Fulton, 2004.
- J.ニーランズ&渡部淳『教育方法としてのドラマ』晩成書房, 2009.
- Nicholson, H. *Applied Drama: the Gift of Theatre*, Routledge, 2005.
- O'Neill, C. & Lambert, A. *Drama Structures*, Hutchinson, 1982.
- O'Neill. C. *Drama Worlds: A Framework for Process Drama*, Heinemann, 1995.
- Ostern, A. L. 'Drama and Theatre as Arts Education', in *Organising Young People's Dramatic Practices*, Aaltonen, H. & Ostern, A. es. Jyvaskylan Yliopistopaino Press, 2001.
- O'Toole, J. *The Process of Drama-Negotiating Art and Meaning*, Routledge, 1992.
- Owens, A. & Barber, K. *Dramaworks*, Carel Press, 1997.
- Owens, A. & Barber, K. *Mapping Drama*, Carel Press, 2001.
- Quayle, E. 'The Ogre of Rashomon', in *The Shining Princess and other Japanese Legends*, Trafalgar Square Books, 1999.
- 佐野美奈「ドラマ教育研究者によるドラマティック・プレイ概念について――コートニーのドラマ教育論におけるドラマティック・プレイに関する一考察」『幼年教育研究年報』22, 2000, pp.53-60.
- シェイクスピア（野島秀勝訳）『リア王』岩波書店, 2000.
- 清水豊子「大学教育ネットワーク, 言語コミュニケーションネットワーク」『演劇と教育』1989年1～7月号, 晩成書房.
- Slade, P. *Child Drama*, University of London Press, 1954.
- Somers, J. *Drama in the Curriculum*, Cassell, 1994.
- Taylor, K. (ed.) *Drama Strategies*, Heinemann, 1991.
- Toye, N. & Prendiville, F. *Drama and Traditional Story for the Early Years*, Routledge, 2000.
- Wagner, B.J. *Dorothy Heathcote: Drama as a Learning Medium*, Hutchinson, 1979.
- Way, B. *Development Through Drama*, Longman, 1967.
- Wild, M. & Brooks, R. *Fox*, Allen & Unwin, 2000.
- Winston. J. & Tandy, M. *Beginning Drama 4-11*, Trentham Books, 2001.

■著者　1〜4章，終章
アレン・オーエンズ　Allan Owens

　チェスター大学教授。ウォーリック大学博士号（Ph. D.）。英国教育評議委員（特別研究員）。長年にわたり，ドラマを異文化間で学際的に幅広く（教育，演劇，保健，政治，ビジネス，コミュニティなど）活用する研究を続け，チェスター大学で教鞭をとる。現在は，オーストリア，アメリカなど16か国にゲストティーチャーとして招聘され，世界的に活躍している。これらの国々と長期間の国際研究プロジェクトをもつ。現在とくに力を入れているのはアプライドドラマを用いた，異文化間の他者理解であり，アプライドドラマを質の高い教育に生かすことである。『Dramawork』『Mapping Drama』（Carel Press, 1997・2001）ほか，ドラマ／教育にかかわる著書・コラム・論文多数。

ナオミ・グリーン　Naomi Green

　ワークショップファシリテーター。イギリスと日本で，ドラマ講師として，日本伝統芸能や物語をイギリスの教育に取り入れたワークショップや授業を行う。リバプール大学にて文学とESOL（英語）を専攻。刑務所・特別学級でのドラマ教育を専門とし，プレ・テキストの開発と執筆を行う。2000年よりチェスター大学を拠点にアプライドドラマをコミュニケーションに生かす研究を続けている。イギリス・マンチェスター日本人補習校で国語の時間にドラマ教育を推進し，講師評議委員もつとめる。日本とアメリカ（ニューヨーク）でアクター・トレーニングを受け，イギリス移住する1991年以前は，日本で俳優として各種舞台や芸能界で活躍。著書に『蜂はチクリと刺すことを知ってますか？』（カモミール社，2003）がある。

■編者　序章
小林由利子　こばやし・ゆりこ

　東京都市大学人間科学学部児童学科教授。東京学芸大学大学院教育学部学校教育研究科幼児教育学専攻修了（教育学修士取得）。イースタン・ミシガン大学大学院演劇学部子どものためのドラマ／演劇MA・MFAプログラム修了。イギリス国立エクセター大学ドラマ学部客員教授。ヨルダン大学演劇学部学術研究員。ドラマ／演劇教育，児童・青少年演劇，幼児教育，保育者養成教育，ドラマによる教員養成を専門とする。前アシテジ・インターナショナル（国際児童・青少年演劇協会）副会長・世界理事。2001年より，同日本センター理事。著書に『ドラマ教育入門』（図書文化，2010）ほか，ドラマ／演劇教育，児童・青少年演劇にかかわる著書・論文多数。

◆協力（五十音順，敬称略）
・オーハシヨースケ（TAICHI-KIKAKU）
・加藤陸雄（成城学園初等学校教諭）
・学校法人片柳学園　日本工学院専門学校
・社団法人日本児童演劇協会
・日本児童劇作の会
・Hot Generation
・宮崎充治（桐朋小学校教諭）

多くの実践協力者により，本書がつくられています

やってみよう！　アプライドドラマ
自他理解を深めるドラマ教育のすすめ

2010年6月30日　初版第1刷発行　〔検印省略〕

編　者	小林由利子
著　者	©アレン・オーエンズ & ナオミ・グリーン
発行人	村主典英
発行所	株式会社　図書文化社
	〒112-0012　東京都文京区大塚3-2-1
	TEL：03-3943-2511　FAX：03-3943-2519
	振替　00160-7-67697
	http://www.toshobunka.co.jp/
装　幀	中濱健治
ＤＴＰ	有限会社　美創
印刷所	株式会社　加藤文明社印刷所
製本所	合資会社　村上製本所

R 本書の全部または一部を無断で複写複製（コピー）することは，著作権法上での例外を除き，禁じられています。本書からの複写を希望される場合は，日本複写権センター（03-3401-2382）にご連絡下さい。

ISBN978-4-8100-0561-5 C3037
乱丁・落丁本の場合はお取り替えいたします。
定価はカバーに表示してあります。